可复制的学习力
成为解决问题的高手

江武墨 著

中国铁道出版社有限公司
CHINA RAILWAY PUBLISHING HOUSE CO., LTD.

北 京

图书在版编目（CIP）数据

可复制的学习力：成为解决问题的高手 / 江武墨著．
北京：中国铁道出版社有限公司，2025. 5.（2025. 6 重印）
ISBN 978-7-113-32132-1

I. G442

中国国家版本馆 CIP 数据核字第 2025YV0889 号

书　　名：	可复制的学习力——成为解决问题的高手
	KE FUZHI DE XUEXILI: CHENGWEI JIEJUE WENTI DE GAOSHOU
作　　者：	江武墨

责任编辑：	马慧君	编辑部电话：	（010）51873005
封面设计：	郭瑾萱		
责任校对：	刘　畅		
责任印制：	赵星辰		

出版发行：中国铁道出版社有限公司（100054，北京市西城区右安门西街 8 号）
网　　址：https://www.tdpress.com
印　　刷：河北宝昌佳彩印刷有限公司
版　　次：2025 年 5 月第 1 版　2025 年 6 月第 2 次印刷
开　　本：710 mm×1 000 mm　1/16　印张：13.5　字数：173 千
书　　号：ISBN 978-7-113-32132-1
定　　价：68.00 元

版权所有　侵权必究

凡购买铁道版图书，如有印制质量问题，请与本社读者服务部联系调换。电话：（010）51873174
打击盗版举报电话：（010）63549461

序

2012年,我即将硕士毕业,走入社会。人生的十字路口,我没有兴奋、期待,有的只是前所未有的迷茫。

我的父母在上海打零工供我读书,而我边上学边拼命兼职,也只能勉强凑个生活费。2012年,我与相恋多年的初恋女友来到合肥发展,她找到一份收入不错的工作,而我因为没毕业,很难找到正式工作。

我卖过灯具,干过电话销售,合肥的大街小巷都留下了我骑三轮车送货的身影。好在功夫不负有心人,我成功转正了,本以为幸福生活即将来临,妈妈却被毒蛇咬伤了,情况很不乐观,必须有人看护。当时,我的爸爸一个月能挣6 000元,而我只有1 500元。

于是,我辞了职,回家照顾妈妈。

当我9月底回到合肥时,仍然没有找到一份好工作,加上需要回学校进行毕业论文的中期答辩,所以每天宅在10平方米的出租屋里写论文。那段时间,我听女友讲得最多的话是收入和房子。或许这就是现实,那两个月我俩把以前没有吵过的架都吵了一遍,最终分手。

分手后,我离开合肥,来到上海。那时的我,只想挣钱。在上海,我和父母挤在一间地下室。落脚后的那几天,我开始在网上投简历、去人才市场,面试了几家公司,结果没有任何回音。几周后,我坐不住了,降低了找工作的预期,甚至去工厂面试普通岗位。对方说:"这个地方不适合你,你吃不了这个苦。"

当时,我爸在工厂门口等我。面试结束,我坐上他的电瓶车后,他不停叹气。我陷入了沉思。后来,我想到之前有过电话销售的经验,于是选择教育行业电话销售精准投简历,果然在2013年1月底找到了工作。

I

我连续做了几个月，业绩都没有什么起色，一方面是内心抗拒电话销售的工作，另一方面是不想卖一个自己都觉得没那么好的产品。

2013年6月，我参加了一个师兄弟聚会。听一个学中文的师弟说，他在从事文案策划，业余时间兼职写微博和文章，可以挣点兼职工资。当时我就像触电了一样，觉得这个事是我想做的。经过两个月的准备，我终于在8月底找到一家很小的广告公司，9月正式入职做文案，开始写微博、论坛文章，从此算有了一份适合自己的工作。

2013年10月，在合肥创业的两个表哥来上海看望我的父母，聊到了买房的事。我妈妈特别果断，决定马上去合肥看房，想在表哥家旁边的小区买房。房子很快就看好了，首付要27万元，但是父母只有10多万元积蓄，缺的那10多万元，是从亲戚朋友那里一点点凑起来的。

刚刚把工作稳定下来就负债，这让我非常惶恐。当时的我，月收入不到3 000元，而每个月的贷款就要还3 800多元。虽然开始是和父母一起还借款、还房贷，但我害怕万一丢了工作，就还不上了。

事实上，我想多了。<u>因为在这样的压力下，我选择更加努力工作。</u>

为了提升文案撰写能力，我开始利用业余时间学习，在地铁、公交上看文学散文、听唐诗宋词。在做好本职工作的前提下，2014年1月，我接到了工作后第一个兼职，收入也逐渐有了提高。在商务谈判中，我也有了成绩。

在第一家广告公司工作了一年零三个月后，我跳槽到一家本土的公关公司，从零开始学习做数据分析，担任客户主管，并一口气冲到客户经理岗位。2017年5月，我辞去公关公司客户经理的工作，开始探索自己的创业之路。

也正是这一年，我通过本职工作和兼职，年收入达到了42万元。我向银行申请提前还款，还掉了大部分贷款。

人生，就是需要不断尝试。2018年5月，和朋友合伙创业开店，最终失败，却意外成就了自己企业管理咨询师的身份，两年间向20多个小微企业提供了培训和咨询服务。一年后有人找我咨询自律和学习方法，由此开启咨询师个人成长之路。

那一刻我才明白，不是看到希望才去坚持，而是因为坚持才能看到希望。

2020年，我就想写一本书，但我一直认为自己没准备好，所以就继续咨询、写课，不断打磨自己的能力。直到2024年3月，我累计写了150万字的课程内容后，相信自己有能力出书了，才正式着手做这件事。我想把自己这10年的职场经历、5年2 500场的咨询经验凝聚到这本书中，让看到这本书的人不仅少走弯路，而且能激发自己的生命状态，找到实现人生目标的内驱力。

看了我的故事，希望你和我一样，也能通过设定目标、努力执行、坚持不懈，最终成为优秀的自己。

江武墨
2025年1月

目　录

引　子 / 001

第一章　升级认知：你也能成为解决问题的高手

01　角色定位：把自己放在高手的位置思考 / 018
02　激发潜能：你本来就拥有解决问题的能力 / 026
03　搞定难题：多数困难是想象出来的 / 031
04　成为高手：拥有一个自己说了算的人生 / 037

第二章　海量输入：快速打造知识"宇宙"

01　关键词阅读法：30秒搞定一条笔记 / 046
02　倒计时阅读法：30分钟看完一本书 / 052
03　字典式阅读法：一个月看30本书的秘诀 / 057
04　两倍速听书法：一年听1000本书不是梦 / 063

第三章

深度思考：10倍速解决问题的思维方式

01　情绪急救：先处理情绪，再解决问题 / 070

02　总结经验：理性思考的三种复盘模型 / 077

03　五个视角：着眼全局，拓展思考宽度 / 087

04　冰山模型：找到共性，增加思想深度 / 097

05　假设验证：预设结论，提高决策速度 / 108

第四章

系统输出：学习吸收率超75%的方法

01　行动：在做的过程中不断优化 / 116

02　分享：一有收获，马上说给别人听 / 123

03　写作：把积累的经验和教训写成文章 / 129

04　绘图：用一张图展示学习成果 / 137

第五章

刻意学习：从习惯到自律的进阶方法

01　一分钟原理：低成本启动大脑 / 146

02　一心二用：边做事也能边学习 / 150

03 计划与执行:一项一项勾掉要做的事 / 157

04 检查与调整:别让糟糕的感觉欺骗了你 / 166

05 自律的本质:做不到每天坚持也没关系 / 174

第六章

长期坚持:别让高标准阻碍你的持续学习

01 最低动作:想放弃时,不如试着做3分钟 / 188

02 藕断丝连:生活太忙时,只做最简单的一项 / 192

03 80%原则:就算没做到100%,你也很优秀 / 197

04 主动休息:压力太大时,可以休息一天 / 202

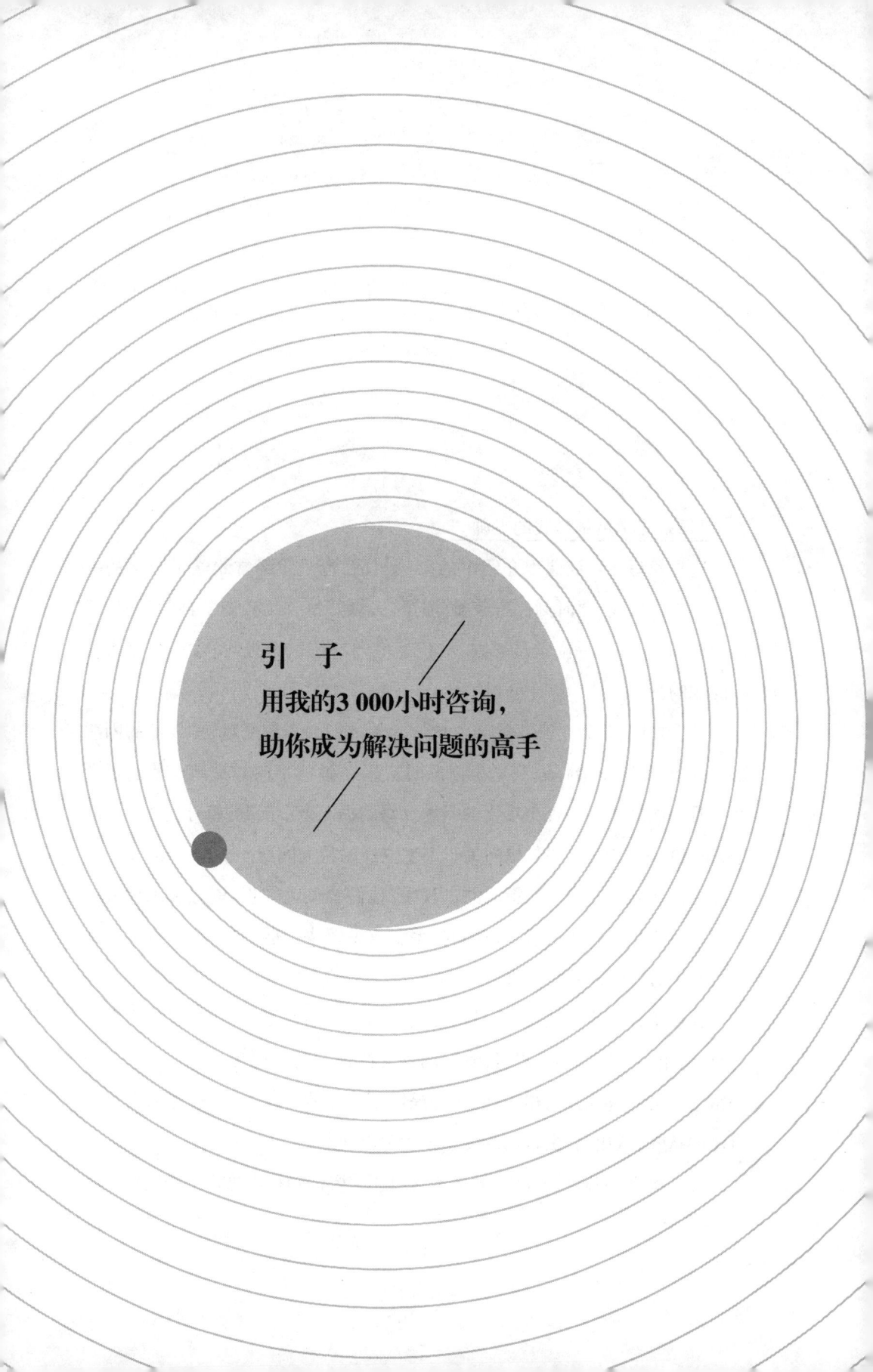

引 子
用我的3 000小时咨询，助你成为解决问题的高手

"每一位学员都是我的老师。"

这是我写在咨询课程介绍中的第一句话,也是我经常跟学员分享的一句话。它告诫我,要时刻保持谦虚、谨慎,去做好每一场咨询、写好每一份反馈意见、服务好每一位学员。因为,正是他们的每一个提问,才让我成为解决问题的高手。

学会提问,是每个高手的必备技能。学员们会在周复盘、月复盘的困惑部分提出问题,也会在遇到紧急情况时直接在微信中向我提问。他们还会在每月一次的咨询中提出重要的问题。每周提3个小问题,每月提3个大问题,每月提3个困惑,偶尔提问关于人生抉择的特大问题。平均一年,每个人要提出近300个问题。而提问的过程中,他们会调动知识、资源和思维来解决问题。不知不觉中,他们由提问高手变成了解决问题的高手,拥有了对人生的掌控感,活成自己喜欢的样子。

我做了什么呢?其实,我只是剥离了问题中的情绪与事实,就事实进行分析,给出多角度的本质思考,剩下的就交给他们自己思考、领悟、执行。未必每个问题我都能分析得正确,但是提供第三方的客观视角,能让他们跳出自己的认知,从更高、更远的维度思考和解决问题。

在一次咨询师培训课中,学员紫衣向新手咨询师提出这样一个问题:

引子 用我的 3 000 小时咨询,助你成为解决问题的高手

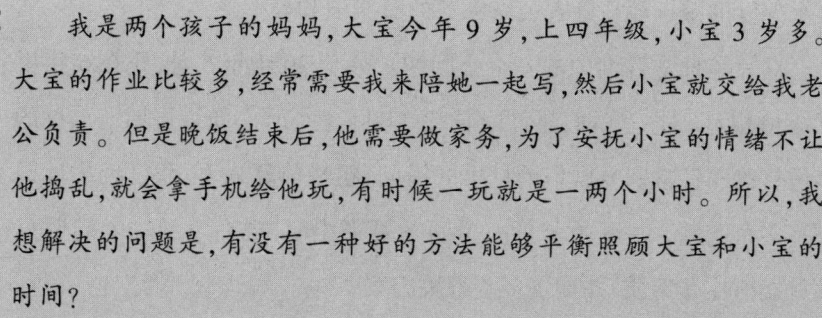
我是两个孩子的妈妈,大宝今年 9 岁,上四年级,小宝 3 岁多。大宝的作业比较多,经常需要我来陪她一起写,然后小宝就交给我老公负责。但是晚饭结束后,他需要做家务,为了安抚小宝的情绪不让他捣乱,就会拿手机给他玩,有时候一玩就是一两个小时。所以,我想解决的问题是,有没有一种好的方法能够平衡照顾大宝和小宝的时间?

新手咨询师用了 10 分钟分析和回答问题,主要以"习惯"作为切入点,认为小宝看手机是一个坏习惯。她建议父母要带着小宝阅读,用新习惯代替旧习惯。

紫衣很认可咨询师提出的"新习惯代替旧习惯"的方法,但是她仍然继续追问:"我想知道怎么能够平衡大宝和小宝的陪伴时间?"

咨询师开始慌了,接下来又用 10 多分钟分析如何平衡陪伴的时间,最终还是落在习惯培养上,建议父母改变自己的习惯去陪伴孩子。

从"习惯"这个点去分析这件事,好像挺有道理,但又好像有哪里不对劲。从紫衣的追问来看,新手咨询师并没有找到问题的本质,更没有提出切实可行的解决方案。

新手咨询师的演练结束后,我先向紫衣提出了一个问题:"你老公晚饭结束后要做哪些家务?需要多长时间?"她回答说:"洗碗、拖地,一般要一个多小时。"我继续追问:"是陪伴孩子重要,还是洗碗、拖地更重要?碗是否可以等孩子睡了再洗,你家的地是否必须每天拖,能否买个扫地机器人?"

这时候,紫衣突然意识到问题的关键所在,马上说:"我明白了,武墨老师,我知道怎么解决这个问题了。"

其实,紫衣的这个提问,问题的需求是不明确的,连她自己都不知道这个问题的关键点在哪里。所以,她问的是"如何平衡照顾大宝和小宝的时间",其实问题的关键在于"如何控制 3 岁多的小宝看手机的时长",而解决

003

这个问题的重点就在她老公做家务的时间段和效率上。

这只是日常咨询中的一个小问题。截至 2024 年 5 月,我在 5 年里完成了 2 500 场一对一咨询,累计时长超 3 000 个小时。如果再加上点评的一万多份复盘和日常回复微信消息里的提问,粗略估算一下,我已经累计回答了一万多个问题。一开始分析一个问题要半小时,现在拿到一个问题只需几秒就能抓住其本质,并提供多个解决方案。

现在,我用这 3 000 多个小时的咨询经验,搭建出一套解决问题的方法论体系,总结出 1 个学习力模型、3 个成事心法、3 个高手公式、23 个操作方法,助你成为解决问题的高手。

1. 渴望学习,就是改变的开始

"做人如果没有梦想,跟咸鱼有什么分别!"电影《少林足球》中,周星驰为了说服大师兄加入他的足球队,说出了这句话。暗示大师兄要抛开世俗的偏见,敢于追求自己的梦想。

第一次看这部电影是在大学宿舍里,那时候听到这句话,也激发了我对梦想的追求——考武术研究生。这正是从这个梦想开始,我每向前走一步,都会看见新的世界,产生新的梦想,一步一步成为现在的自己。

很多人都有过自己的梦想,但成年以后,落入琐碎的日常生活中,梦想被现实消磨殆尽,封存在记忆深处。

<u>其实,人生从任何时候开始学习都不晚。</u>

黑龙江"励志奶奶"姜淑梅,60 岁才开始学认字,75 岁学写作,76 岁出版第一本书,80 岁学画画。到了 82 岁,她已经写下近 60 万字,画了上百幅画,出版了 5 本书,其中有的书还入选了"中国好书"。

在我教过的学员中,有 7 位已经超过 50 岁,有的人还在上班,不仅努力学习知识技能,还想着能升职加薪,弥补一下年轻时没有奋斗向上的遗憾;

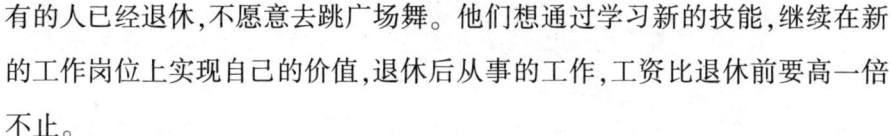

有的人已经退休,不愿意去跳广场舞。他们想通过学习新的技能,继续在新的工作岗位上实现自己的价值,退休后从事的工作,工资比退休前要高一倍不止。

曾有人在咨询时问我:

"武墨老师,我只有初中学历,可以和你学习吗?"

"我年龄比较大,已经快 50 岁了,可以学会你的方法吗?"

"我比较笨,学东西慢,你愿意教我吗?"

我的回答是:"当然可以,因为人生从任何时候开始学习都不晚,学习是不看学历、年龄和功底,只要你相信自己,就可以学。"

虽然在追逐梦想的过程中会遇到这样或那样的问题,但是,只要相信自己,就可以实现自己的梦想。

因为,渴望学习,就是改变的开始。

2. 学习的本质,是为了解决问题

在 3 000 多个小时的咨询中,大家来咨询的目的都有一个共同点:解决当下遇到的问题或困境,通过学习、努力和坚持来实现自己的梦想。

同时,大家的梦想又各有不同:

- 有人想通过学会自律,成为一个自律、独立、自信或高效的人。
- 有人想通过学会学习,成为一个好妈妈、优秀员工、优秀学生或终身学习者。
- 有人想通过学会底层逻辑思考,成为一名硕士、博士、育儿专家、培训师或咨询师。
- 有人想通过学习写作,成为一个专业写作者、文案高手或自由职业者。

- 有人想通过学习沟通,成为一个社交达人、优秀的管理者或好伴侣。
- 有人想通过学习情绪管理,成为一个理性思考的人。
- 有人想通过学习精力管理,成为一个健康快乐的人。
- 有人想通过学习目标管理,成为一个知行合一的人。

无论短期目标是成为一个自律的人,还是实现中长期目标中的任何一种梦想,都要通过目标倒推法,将目标拆解成具体可执行的动作。拆解完不同的目标,会发现每个人都需要从学习习惯开始。

因为,没有好的习惯,就没有自律的人生节奏,一切梦想的实现就都是空谈。

不以解决问题为目标的学习,都是空想。学习,不是为了考证,也不是为了拿一个学历,更不是为了向别人炫耀,而是为了解决生活和工作中大大小小的问题。

简单来说,学习的本质是为了解决问题。

拆解学习过程的步骤:第一步是获取知识;第二步是提升底层逻辑思考能力;第三步是解决问题。但是,光有解决问题的能力还不够,能够高效解决问题才是真正的高手。

在梳理目标体系时,有两个重要的指导原则:第一个是"看十年,做一年";第二个是"学习是为了更好地工作和生活,高效工作也是为了更好地生活"。

享受生活是建立在高效解决问题的基础上,有更多的时间做自己喜欢的事,始终拥有对人生的掌控感。

3. 高效解决问题的三种路径

成长,是一个漫长的过程,需要拥有极大的耐心和毅力。

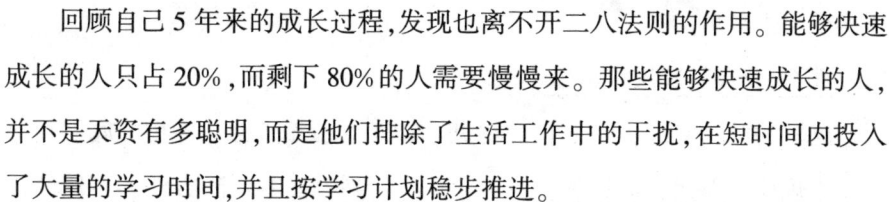

回顾自己5年来的成长过程,发现也离不开二八法则的作用。能够快速成长的人只占20%,而剩下80%的人需要慢慢来。那些能够快速成长的人,并不是天资有多聪明,而是他们排除了生活工作中的干扰,在短时间内投入了大量的学习时间,并且按学习计划稳步推进。

看过很多名人传记,也见过不少创业者,分析这些高手的成长路径,无论他们成长得快慢,在他们的人生轨迹中,都拥有三种高效解决问题的路径。

第一,学习。

小萱坚持学习两年后,在她的影响之下,她的老公也开始看书、听课。她非常欣慰看到老公有这样的变化。在一次讨论"学习"的话题交流中,有这样一段对话:

"老公,你觉得看书是为了什么?"

"是为了获得更多的知识。"

"获得更多的知识又是为了什么呢?"

结果对方思考了半天,也没能回答这个问题。一些人认为的"学习",就只是获取更多的知识,而真正的"学习"是要提升底层逻辑思考能力,从而高效地解决问题。

<u>学习的第一步的确是获取知识,但是在获取知识后,需要通过行动和复盘来提升底层逻辑思考能力。</u>

巴菲特说:"要想彻底了解这个世界,有一个好办法,先把本领域的事情研究透,挖出其中的'底层逻辑',只要你能做到这一步,就很容易搞定其他领域的事。"

学会底层逻辑思考,可以轻松看见事物的本质,理清事物与事物之间的关系,掌握创新的能力。它可以跳过线性思考,进行结构化思考和系统性思考,形成高效解决问题的能力。它还可以加快每个人的学习和成长节奏,早点实现人生梦想。

那么,什么是底层逻辑思考?

这里的"逻辑"就是"规律"的意思,而"底层逻辑"就是事物的底层规律或基本规律。那么,"底层逻辑思考"就是对事物底层规律、方法和本质的探究。所以"底层逻辑思考能力",是一种思考事物本质的能力。

这是一种超强的可迁移能力,能从一个事物跨越到另一个事物,从不同事物中找到共同的规律,从相同事物中看见不同的角度,包括本质思考力、升维思考力、结构化思考力、系统思考力、批判性思考力、元认知思考力、归纳思考力、演绎思考力等思维方法。

刘润老师认为:"底层逻辑,是指从事物的本质出发,寻找解决问题的路径的思维方法。底层逻辑的本质是从不同中找到相同,从变化中找到不变。"他在《底层逻辑》这本书中还提到底层逻辑+环境变量=方法论。

如果一个人只教你某个领域的"干货",也就是方法论,那只是"授人以鱼",一旦环境出现变化,"干货"也不适用了。但是,如果一个人教给你的是"底层逻辑",那就是"授人以渔",你可以通过不变的底层逻辑,推演出适应环境变化的方法论。

水木然在《人间清醒:底层逻辑和顶层认知》中写到:"底层逻辑就是事物运作的基本规律,类似孔子说的'礼'、老子说的'道'、佛祖说的'智慧'。"

这些思维方法,又具体体现在各种各样的思维模型中,比如,经典且常用的一个思维模型是黄金思维圈模型,即是什么(what)、怎么做(how)、为什么(why)。

学员秋海说:"黄金思维圈模型贯穿个人品牌咨询课程的整个学习过程,我到第四阶段写完属于自己的课程,才真正理解这个思维模型,并且搞懂底层逻辑思考是什么。"

再举一个具体的例子,我在课程中要求大家每天写的复盘,它的结构是：总结、反思、行动。总结对应着是什么，反思对应着为什么，而行动对应着怎么做。如果每天按这个结构复盘一次，就等于做了一次底层逻辑思考。

刚开始对抽象的底层逻辑思考无法全面理解，通过日复一日的思考、复盘和学习，知识量的积累和思维的不断升级，自然就练成了底层逻辑思考能力。

第二，找导师。

所谓"人生导师"，就是在人生道路上，能够为人们提供教导、帮助和指引的人或物。可以是一个人，也可以是一本书。大部分时候，人们遇到的人生导师是身边更为优秀的人。

罗伯特·格林在《如何在自己感兴趣的领域出类拔萃：理想人生实现指南》中写到："最好的导师常常是那些知识面广、经验丰富且在自己的领域又不过于专业的人——他们可以训练你从更高的层面进行思考，并在不同形式的知识之间建立起联系。这方面最典型的就是亚里士多德与亚历山大大帝的关系。"

看到这段话时，我才明白，原来一个真正好的人生导师的标准是：知识面广、经验丰富、在自己的领域专业且不固化、具备底层逻辑思考能力、具备启发式思维。

我的第一位人生导师是19岁读大一时认识的武术老师刘传书，也是我人生中第一位正式磕头拜师的师父。他整整影响了我10年，对我的武德、武术理论、武术实战、学习、论文、做人、做事、情感关系、家庭关系、职场关系等方面进行了全方位的指导。

他比我年长33岁，只有初中学历，年轻时是化工厂一名普通的锅炉工，退休前在工厂离退休办公室指导退休老人健身。他教给弟子的东西很多是通过自学而来，比如他喜欢看《道德经》《论语》《孙子兵法》等经典著作，并反复讲解给弟子听。他也有自己的武术师父，很多知识和经验是年轻时跟他的师父学习到的。即使现在已经 70 岁了，只要我去看望他，就是长达 10 多个小时的促膝长谈，仍然能给予我新的人生启发。

当然，我也遇到了第二位"人生导师"，只不过这位"人生导师"不是真实的人，而是由一本本书籍的作者组成的作者团。

我通过大量阅读，在书中与作者对话，学习他们的理论、观点和方法，拓展自己的知识面，形成属于自己的知识体系，不断提升自己。

我常说"每一位学员都是我的老师"，所罗伯·斯里瓦斯塔瓦、内拉贾利·斯里瓦斯塔夫在《解决方案架构师修炼之道》中也写到："作为导师是互惠互利的，你也可以从学员身上学到很多关于人的行为和成长的知识。成为他人的导师，最终会帮助你成为一个更好的领导者和更优秀的人。"

所以，我的第三位"人生导师"，是我的学员们。通过一场接一场的咨询，丰富了我的阅历和经验，也让我在每一次的咨询过程中，反复练习底层逻辑思维和启发式思维。

罗伯特·格林说："你可以从自己的经历中学习，但是常常需要很多年才能完全理解所发生的事情的意义。你也可以自己练习，但是你不会收到足够有针对性的反馈。你可以在很多领域获得自我指导的学徒训练机会，但是这可能会花掉你 10 年时间，甚至更久。原本靠自己需要 10 年时间才能做到的事情，在导师恰当的指导下，也许 5 年时间就能完成。"

跟着人生导师学习和成长，他们的知识、经验、技能，能非常快地被自己学习、吸收和实践，最终成为自己的知识体系、原则体系和方法论体系，变成更优秀的自己，甚至也能成为别人的人生导师。

生命如此短暂，一个人的时间和精力是有限的。若能拥有属于自己的人生导师，将有这五个好处：看清人生方向、发现自身的优势、训练底层逻辑思考能力、少走很多弯路、加速目标达成。人生导师不必限于一个，随着个人的成长和发展，可以不断迭代、筛选，可能在同一个阶段有多个人生导师，

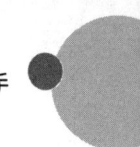

也可能在每个不同的阶段有不同的人生导师。

作为一名专业的咨询师,作为很多人的人生导师,我分享三个关键点,让你能更好地筛选出一个好的人生导师:一是好的人生导师,更重视改变自己的行为,在沟通的过程中,一定会先强调去行动;二是当你不知道自己想要什么的时候,好的人生导师就会挖掘出你的人生目标是什么,然后助力你去实现这个目标;三是好的人生导师,不是企图改变你的目标或者愿望,而是愿意帮助你一起实现目标或者愿望。

所以,为了找到适合自己的人生导师,需要多靠近优秀的人,付费学习或咨询,找到敢于说真话的人,并且在多个人生导师中,找到那个重视改变行为、帮助自己找到人生目标并和自己一起实现目标的人。

想要找到属于自己的人生导师不是一件容易的事,如果暂时没有遇到好的人生导师,也可以像我一样,通过大量阅读、与他人沟通,去提升自己、指导人生方向。一旦在这个过程中遇到好的人生导师,就要紧紧抓住。

第三,行动。

行动是人类存在和发展的前提,恩格斯说:"人是唯一能够由于劳动而摆脱纯粹的动物状态的动物。"作为社会动物,人是依靠行动改造自然、创造自己所需要的对象、解决衣食住行等问题,来满足自我存在和发展的需要。否则,人类发展就无从谈起。

所谓"行动"是指为实现某种意图而进行的活动或实践。行动主要有三个特征:目的性、执行力和有结果。

<u>想法只是想法,想法一旦付诸行动,通过复盘提炼,就会成为思维。</u>没有目的的想法只是空想,有目的的想法只是计划,如果计划没有执行,仍然毫无意义。任何事情,只要去执行,就有结果。继续复盘这个结果,提炼出原则或方法,就达到了行动的意义,也就是思维的提升。

每个人的行动,决定着自己的意义和价值,影响着自己的命运和发展,

而所有人的行动,影响着一个国家的历史、现在及未来的发展。所以,唯有行动,才有发展和机会。

如果不行动,我会成为一个假努力的人,做事没有成果,只是感动了自己;如果不行动,我会成为一个空想家,我会每天冒出不同的想法,但始终因为害怕失败、害怕做不好而拒绝行动;如果不行动,我会成为一个抱怨者,怪家人不支持自己、怪朋友总是约自己吃饭而干扰自己工作或学习、怪环境太吵而没法安静做事、怪家务事太多而没法专注学习,因为不停抱怨会让我少一点负罪感。

行为决定习惯,习惯决定性格,性格决定命运。所以,提高行动力的好处,不仅可以让自己养成好的习惯、改变性格,而且还能为自己带来好运气,获得更好的发展机会。

学习、找导师、行动这三种路径,最后都要落到行动上。这三种路径都是为了学会底层逻辑思考,通过发现事物的规律,来高效解决问题,实现个人的掌控感。

4. 如何利用本书

万维钢老师在他的《高手修炼手册》一书中,提到高手解决问题的10种方法,其中一点是:"喜欢 = 熟悉 + 意外"。他解释说:"心理学家在无数的实验中让受试者选喜欢的东西,最后选出来的都是熟悉的东西。但公式里说的熟悉和重复还不一样。重复会导致审美疲劳。最理想的情况,是在一个意外的场合,看到自己熟悉的事物,你才会特别喜欢它。用中国话来说,就是'他乡遇故知'。反过来也对——如果你整天面对一个熟悉的事物,哪天它突然给你来点意外小惊喜,你也会感到它特别美。"

我对这个公式有两层理解。第一层是生活中的喜欢。比如我喜欢一个人,想找对方谈恋爱,对方身上一定有我熟悉的特征,如外表和某个同学很像、性格和父母很像等。同时，对方身上又有某个独特的点吸引我，这个独特的点就是"意外"。第二层是学习或工作中的喜欢。比如我喜欢做咨询，因为对方提出的问题都是熟悉的方向，同时每个人的问题具体的背景和场景又有所不同，这就是"意外"。而我解决问题时，既能站在舒适区，又能一点点进入拉伸区，让自己突破原有的舒适区。

为什么要讲这个公式呢？因为在本书中，每一讲的内容都会尽量让你看到"熟悉"的场景，同时又能让你感受到"意外"，在内容里看到一些意想不到的解决方案。希望这样的"熟悉+意外"，能让你"喜欢"这本书，喜欢这本书里的学习方法。

如果你已经翻看过目录，你会发现这本书的整体逻辑是从学习动力（第一章）、学习能力（第二、三、四章）、学习习惯（第五、六章）三个角度进行架构。这是我提炼出来的可复制的学习力三角模型，如图0-1所示。学习动力、学习能力和学习习惯三者之间相互影响，形成了一个稳定的三角关系。

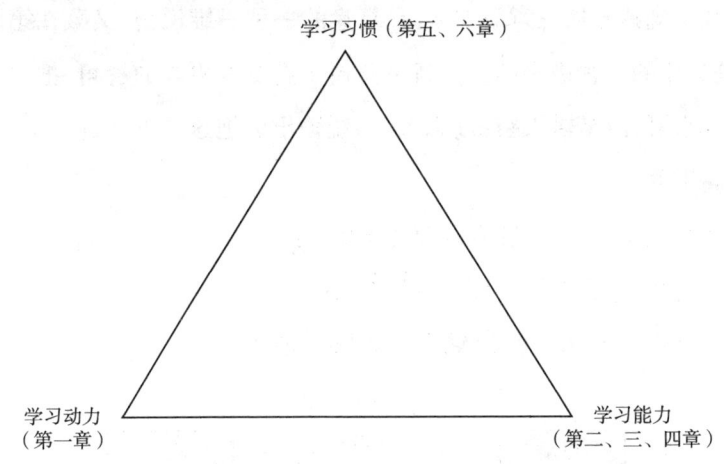

图0-1　可复制的学习力三角模型

强大的学习动力，能产生高效的学习能力、保持好的学习习惯；优秀的学习能力，能提高自信，增强学习动力，稳定学习习惯；良好的学习习惯，能让持续产生学习动力、强化学习能力。拿到这本书，可以根据自己的实际情况,挑选感兴趣的内容先阅读。

如何才能更好地复制这份学习力呢？书中提炼了3个成事心法、3个高手公式、23个操作方法。

3个成事心法是定位、相信和突破,分别位于第一章的前三节。

成事心法1:定位自己;

成事心法2:相信自己;

成事心法3:突破自己。

关于学习的动力,谁都知道目标和计划的重要性,但想要持久的学习动力,还需要调整心态,也就是上面提到的成事心法。首先,"定位自己"是通过角色定位,把自己放在高手的位置思考;其次,"相信自己"是通过激发个人的潜力,相信自己拥有解决问题的能力;最后,"突破自己"是通过搞定难题的方式,来破除自己用困难来逃避问题的思维方式。

3个高手公式分别藏于不同的位置。高手公式1藏于第一章第四节。高手公式2既藏于第三章第二节,是复盘的一种思维模型,又藏在第四章第三节,是写作的一种逻辑结构。高手公式3需要从更高的视角,把第二、三、四章连起来看,海量输入+深度思考+系统输出。把这些方法都学会了,会发现成为高手并不难。

高手公式1:(心态+技能)×努力=高手;

高手公式2:是什么+为什么+怎么做;

高手公式3:输入+思考+输出,如图0-2所示。

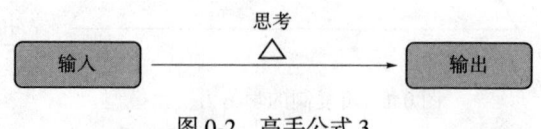

图0-2　高手公式3

23个操作方法,包括字典式阅读法、两倍速听书法、情绪急救、假设验证、一分钟原理、一心二用、藕断丝连、二八定律等,将在第二~六章中详细

引子　用我的 3 000 小时咨询，助你成为解决问题的高手

讲解。

每一个方法的讲解都严格按照是什么、为什么、怎么做的高手公式进行拆解。这样就可以每看完一节，就练习了一遍高手公式。另外，每个操作方法都能单独使用，你无须看完全书，就可以针对当下最薄弱的部分开始行动起来。

伽利略说："你无法教会一个人任何事情，你只能引导他去发现自己内心的答案。"

虽然我这五年一直在教大家学习和解决问题的方法，但我深深认同伽利略所说的这句话。再多的认知、再好的方法也只是一个工具。本书也是你的工具，指引着你去发现自己的内心，在行动中找到高效解决问题的方法，成为一个解决问题的高手。

可复制的学习力——成为解决问题的高手

📝 读书笔记

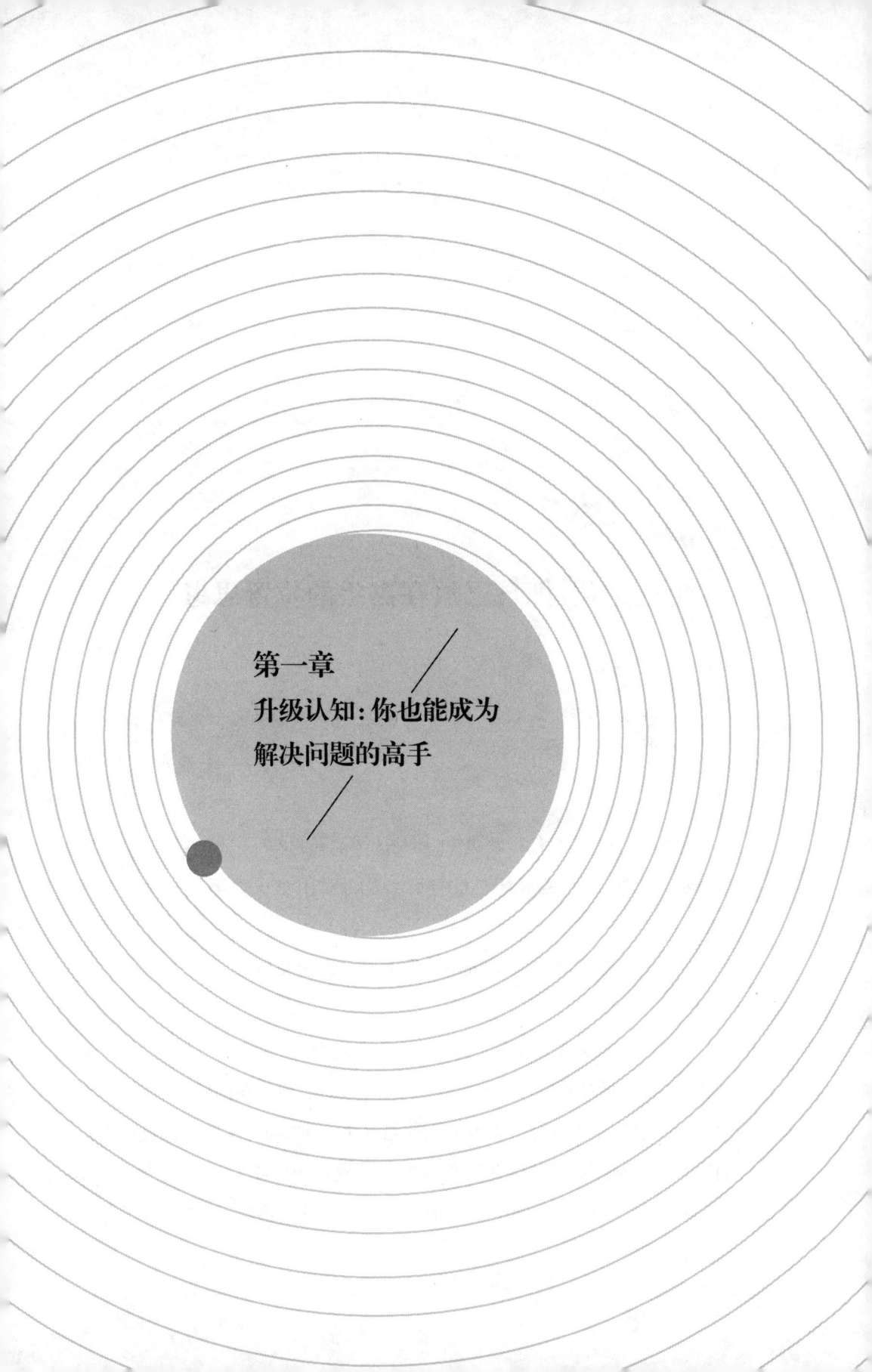

第一章
升级认知：你也能成为解决问题的高手

01
角色定位：把自己放在高手的位置思考

> 人生路上，你要么选择成为一个领路人，要么选择成为一个跟随者。
>
> ——史蒂夫·乔布斯

发现问题时，你是选择解决它，还是选择绕开它？

碰到困难时，你是否怀疑过自己？是否对困难视而不见？是否想过放弃？

人生有卡点，你是选择尝试用各种不同的方法突破它，还是选择将它深埋心底？

一个人每天要做出很多个选择，日常生活中，像穿什么衣服、吃什么食物等大部分选择对人生轨迹的影响并不大。但是，当你在问题、困难或卡点中做选择时，决定了你是一个普通人还是高手。事实上，你只要将自己重新定位，把自己放在高手的位置思考，就能解决这些困难或卡点。

妮妮还有7年就要退休了，但因为单位进行部门重组，她被迫升任部门

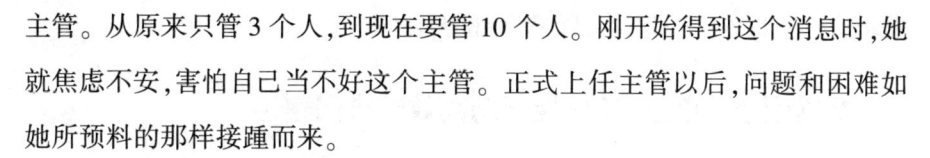

主管。从原来只管3个人,到现在要管10个人。刚开始得到这个消息时,她就焦虑不安,害怕自己当不好这个主管。正式上任主管以后,问题和困难如她所预料的那样接踵而来。

在复盘和咨询中,她多次抱怨:"本想几年后就可以退休,这段时间能快快乐乐上班就可以了,现在倒好,麻烦事一堆,处理不完的人际关系,下达不完的工作指令,还有个别刺头不服管理,简直让人崩溃。好怀念原来4个人的小办公室,大家和谐相处的日子。"

虽有抱怨,但是她仍然选择直面困难,通过多次咨询,调整心态并积极应对新工作环境,将自己定位为主管这个角色,学习如何做团队管理,处理每个工作问题并协调好人际关系。半年后她胜任了主管岗位,理顺了工作流程,解决了刺头的问题,在咨询中能笑着和我讨论团队管理中的人和事。

1. 角色定位的本质

<u>一个人遇到困难并不可怕,可怕的是不敢直面困难。而解决困难的关键点,在于定位。</u>

定位的本质,是在战略上藐视困难,帮助你从更高、更远的视角来分析问题和解决问题。所以,在遇到问题或困难时,"定位自己"是第一个成事心法。它能让你清晰地认知自己,轻松地克服困难、高效地解决问题。

"定位自己",得先搞定"角色定位"。什么是"角色定位"? 就是根据客观事实和环境,把自己放在正确的位置进行思考。

首先,你要对自己的性格、能力、价值观等方面进行全面而客观的认识,看见自己的优势与不足。

其次,你要将自己放在某个群体或团队中进行思考,了解自己在群体或团队中的位置、目标和职责。

最后,如果有必要,你还可以从国家或社会的角度进行思考,关注社会需求或行业趋势,匹配出自己的优势和机会。

2. 为什么"角色定位"能帮助高效解决问题

一是明确方向,少走弯路。

遇到任何问题或困难,先做好角色定位,解决问题的方向就不会错。虽然在方向不明确的时候,多从不同的角度去尝试,也能解决问题,但是这种解决问题的方式是低效的。方向不对,努力白费。所以方向远比努力更重要,如果方向错了,那么停下来便是进步。

二是增强信心,减少内耗。

从不敢定位到确定自己的位置,也是从怀疑自己到相信自己的过程。有人明明是管理者,却天天干着下属的活,被下属使唤来使唤去,这是因为他们不相信自己有能力做好管理。说得好听一些,叫"下属都不行,还不如自己干效率高";说得不好听,叫"明明有能力,却因为自我怀疑而被拿捏"。所以,做好角色定位,就是相信自己能搞定这些问题。

"只有明确了自己的角色定位,才能在生活中发挥出最大的潜力。"一开始,我也没想过自己能做咨询师,我既没有受过专业的咨询师培训,也没有心理咨询师等证书来证明自己的咨询能力,但是当我从2019年开始定位自己是个人成长咨询师后,我竟然能源源不断地接到咨询,从一个新手咨询师成长为成熟的咨询师,直到做了2 500场咨询后,成为被大家一致认可的专业咨询师。

3. 把自己放在高手位置思考的方法

那么,如何把自己放在高手的位置思考?有以下三个训练方法:

第一,假设自己是高手。

在不同的场景下遇到具体的问题时,就可以假设自己是不同领域的高

第一章 升级认知：你也能成为解决问题的高手

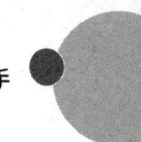

手。比如，需要写一份工作汇报，你就假设自己是一个写作高手；需要到客户公司做个分享，你就假设自己是一个培训师；马上要成为新手父母，你就假设自己是一个优秀的家长。

这里的"假设"，就是让自己站在未来的某个时间节点看当下。假设的目的，就是要相信自己能成为高手。站在高手的位置，通过学习、行动和复盘等动作，让自己像高手一样分析问题和解决问题。

比如，有个人咨询我一个职场关系问题，她有个下属经常不请假就提前下班，沟通过多次都无效，采用罚款等措施也不管用，这让她很头疼。于是，我就向她提了一个问题："假设你现在是上级领导，你会怎么处理这件事？"她一下就明白该怎么做了。

在我的个人品牌咨询课程体系中，第四阶段的一个学习任务就是要求写一个 3 万字的课程。这个训练方法，就是把自己放在某个领域专家的位置，通过拆解课程、找素材、列框架等过程，学会用底层逻辑思考能力来解决一个大的问题或困难。

第二，像高手一样行动。

刘润老师在《胜算》中写到："高手和普通人的差别，在 90%～99% 这一段。这一段的关键词是'极致'。而顶尖高手和高手的差别，在于 99%～99.999 9%。这一段的关键词是判断力、分寸感和颗粒度。真正的高手，都善于把复杂的事情简单化。只有简单，才能做到专注。只有专注，才能做到极致。简单，才是终极智慧。"

高手的"行动"主要有四个动作。

（1）学会自律。

罗伊·鲍迈斯特是世界上论文被引用率最高的心理学家之一。他说："人类不擅长持续做出正确的选择，因为总是面临各种选择，而做选择时的状态是有起伏的。"根据他的研究，意志力是一种有限的资源，会在一天内逐渐枯竭，通过睡眠休息能在第二天恢复部分意志力。如果一个人只是靠意志力去做事，基本到下午和晚上就没劲了。所以，要学会自控力，也就是常说的自律。

而大部分人做不到自律，则来源于没有目标，所以高手的第二个行动就是设立目标。

（2）设立目标。

为什么高手总是先设定目标？因为没有目标，就没有自律的动力，没有自律，很多事都容易半途而废。所以，好的目标管理就是一种自律。

当设定人生目标，拆解目标到年、月、周、日，就相当于学会了做目标管理。有了目标管理体系，自然就知道什么时间做什么，不需要任何人催促或监督，既实现了时间管理，又做到自律。意志力并不能提供取之不尽、用之不竭的动力，但是目标能生产"意志力"。当自己清晰地知道自己想要什么，目标中的"我想要"就能源源不断地生产出"意志力"这种动力资源。

（3）做到极致。

有了清晰的目标之后，当然是付诸实践，这样既可以检验自己的知识体系是否完善、发现自己的不足，又能检查设定的目标是否合理。针对同一个目标采取行动，高手习惯把一件事做到极致。

比如，A 和 B 两个人同时针对一个选题写一篇公众号文章，都是花了 3 个小时。A 的做法是花 1 个小时找素材、1.5 个小时构思和写作，剩下 0.5 小时取 5 个不同角度的标题；B 的做法是拿到选题写出一个题目就开始下笔写，写到卡住的时候就去找点资料，一直持续 3 个小时直到写完这篇文章。很明显，A 就是那个将事情做到极致的高手。

（4）持续学习。

高手会让自己持续保持学习状态，不断丰富自己的知识体系，建立属于自己的知识网络。我也非常认同刘润老师说的顶尖高手和高手的区别在于判断力、分寸感和颗粒度。就拿"颗粒度"来说，生活中，人们对一些概念的定义是非常模糊的，而通过听书学习到一些重要知识的概念以及举例说明，就能对这些概念有更清晰的认知。当人们对一个词的定义越清晰，敏感的颗粒度就越小，也就能更好地捕捉事物的本质。

比如，很多人都不知道"积极"和"主动"的区别，平时都是随意使用，好像这两个词是一个意思。两者的相同点，都是表达一个人在行为或态度上好的倾向。"积极"的定义是一种倾向于选择正向价值的行为；"主动"的定义是因内在欲望而产生的驱动力，不待外力推动而行动。

"积极"虽然也可以指态度或行为，但更多的是指在态度或行为上的正向选择，重在选择。比如，"你找我帮忙的这件事，我会积极地安排。"这句话可以这样解读：帮你处理这件事，我在态度上非常积极，也会努力去做，至于能否完成，就不能打包票了。

"主动"同样也可以指态度或行为，但更多是指态度或行为上的行动力，重在采取行动。比如，"你找我帮忙的这件事，我会主动安排。"这句话可以这样解读：帮你处理这件事，我在态度上已经作为自己的事来处理，行动上已经有了计划，你只要等我完成的结果就行。

两者的本质差别是："积极"强调的是做选择，而"主动"强调的是采取行动。所以，当人们对概念的理解越清晰，思考的敏感度就越高。当别人说话的时候，就能快速高效地捕捉到关键点。

第三，像高手一样思考。

真正的高手都是长期主义者，喜欢站在未来的时间节点来思考当下遇到的问题。他们拥抱不确定性、喜欢复盘、擅长提问，总能透过现象分析问题的本质。

我非常喜欢宫玉振老师在《定力：变局时代管理的底层逻辑》一书中对"善战者，求之于势，不责于人"这句话的解读。这句话的原意是善战者

追求形成有利的"势",而不是苛求士兵,因而能选择人才去适应和利用已形成的"势"。

他说:"真正的高手会在借势、造势方面下功夫,而不是苛求自己的团队成员或下属。企业管理也是这样,遇到问题时如果没有长远的思考,不能跳出来看问题,就只会在具体的人、具体的事上去争对错。长期主义者会从'势'的角度考虑问题,从根本上解决问题。"

人生遇到的每个问题,都是一个"不确定性",高手都会接纳、拥抱、利用这个不确定性,制造出有利于自己的局面。在解决问题的过程中,高手总会反思和总结自己的经验教训,提炼成原则和方法,把更多的不确定性转化为确定性。

另外,高手在思考的过程中,最擅长提问。因为提出一个好问题,就等于找到了问题的答案。

有一天,我深夜 11 点接到一场临时咨询,咨询者大概用了 10 分钟描述自己的情况和问题,她原本挺喜欢写作的,但因为高中写的日记被家人看到,感觉自己的隐私被侵犯,所以自那以后就不再喜欢写东西了。她说:"从 2018 年开始,我学习心理学,学各种写作课程,也找过不少老师,最近还在学习教练技术,就是希望打通自己在写作上的卡点,但是一直没有打通。"

听完她的描述和提问后,我问她的第一个问题是:"你的写作究竟是卡在不会写,还是害怕被侵犯隐私?"她停顿了一下,回过神来才明白一直以为自己的卡点是不会写作,但事实是害怕再次被侵犯隐私而不愿写作。

紧接着我又继续提第二个问题:"为什么这件事会让你停止写作,甚至停止口头表达?"她思考了一会儿,说是不想让别人看到自己不好的一面。接下来,我围绕"不想让别人看到自己不好的一面"这个点,按冰山模型进行了三层本质分析:表层是过于在乎别人看见自己的不足;中层是缺少足够的

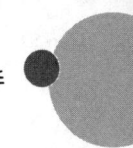

安全感;深层是边界感,家人未经她同意随意翻看她的日记本。

我分析完后跟她说:"你的写作卡点,并不是单纯的写作卡点,而是关于人际关系的卡点。只要你把边界感做到位了,写作的卡点也就自然打通了。"后来,她非常激动和开心地跟我说:"太给力了,你刚刚讲的时候,我也在反思,好像把很多事混在一起,总是不够清晰,所以做事的效率就很低。你这么一分析,一下子就把困扰我20多年的写作卡点打通了,而且把我在人际关系方面的卡点也打通了。"

遇到问题或困难,要把自己放在高手位置思考,假设自己是高手、像高手一样行动、像高手一样思考。正如查理·芒格所说:"三人行必有我师,要成为领导者之前必须先做跟随者。"快去寻找身边的高手吧,先跟随他们,然后你才能成为真正的高手。

02

激发潜能：你本来就拥有解决问题的能力

小京每天都害怕起床，因为一起床，满眼都是"狼藉"。凌乱的房间，任凭她怎么收拾，都没有弄乱的速度快。她努力工作、带娃、做家务，却总感觉"孤立无援"。于是找到我咨询，我告诉她："改变不了别人，就改变自己。"

后来，她在复盘中写到：

> "改变不了别人，就改变自己"，脑海中又出现了武墨老师的这句话。抬头看看镜子中的自己，微笑，这个微笑充满了力量。今后我要改变自己，要活出自己喜欢的样子。那天晚上起，如释重负，多年的心结打开了。更不可思议的是，那天睡得特别香甜，从那天以后也一直这样。

在小京的咨询中，我只是做了一些分析，并给出学习方法，无意中说出的"改变不了别人，就改变自己"深深触动了她，也激发了她的潜能，让她的认知得到了提升，改变了思考问题的方向，最终成功解决问题。换句话说，她

第一章 升级认知：你也能成为解决问题的高手

本来就拥有解决家庭矛盾的潜力。

只有面临困境时，才会想着改变，这时候哪怕抓住一句话、一个方法，通过学习和训练，以及持续努力，就能将自己的内在潜力转化为解决问题的技能。

很多时候并不是自己不行，而是自己以为自己不行。

1. 潜力的本质

有研究称，一个人的大脑中只有 5% 的想法是由意识控制的，而剩下 95% 的想法都是被潜意识控制的。意识到自己需要改变时，却抵抗不住潜意识中的防御机制，因为会习惯性地掩饰问题。直到这个不足所带来的问题被放大，这才意识到自己需要做出改变。

事实上，自己根本意识不到自己的潜意识有多强大。潜意识中除了防御机制，还有信念、欲望、习惯、情绪等，正向的激发和利用它们，能帮助自己成为高手。

"鸡蛋，从外面打破是食物，从里面打破是生命。"外部环境总是给自己施加压力，如果自己从内部打破，会发现获得了重生般的成长。

激发潜力的本质，不仅是看见自己的潜力有多大，而且要发挥自己的优势，在解决问题上做到单点突破。所以，在遇到问题或困难时，"相信自己"是第二个成事心法。它能让自己唤醒能量、敢于直面困难，用个人独特的方式解决问题。

什么是"潜力"？就是指一个人已经具备但尚未完全展现出来的能力或资质，更多地强调了一种现有的、未充分开发的资源。潜力可以被看作是潜能的一种实现或表达，涉及能力的开发和利用，可以通过学习和实践来激发自己的潜力。

2. 为什么说一个人本来就拥有解决问题的能力

一个人本来就拥有解决问题的能力。

一是源于人类的生物学特性。

人类天生就具备探索未知、解决问题的本能。无论是面对生活中的琐碎小事还是职业发展中的重大挑战，都有能力通过思考和行动找到解决问题的方法。

二是每个人都拥有独特的个性和才能。

这些构成了每个人解决问题的独特优势。正如《心理学与生活》一书中所讲的那样："每个人的思维方式和行为模式都是独一无二的，这使得我们在面对问题时能够从不同的角度和层面进行思考，从而找到更有效的解决方案。"

在 2017 年之前，我是一个性格内向、不爱说话、不会说话、情商较低的"钢铁直男"；而在 2018—2020 年，通过做企业培训和个人品牌一对一咨询，我慢慢磨炼成一个反应快、会说话、一针见血抓本质的专业咨询师。甚至在 2020 年，我根据这些年沟通和咨询的经验，提炼出自己的逻辑表达体系和方法论，写出一门 10 万字的逻辑表达课。

3. 激发潜力的方法

那么，如何学会激发潜力，让自己拥有解决问题的能力？

从《坚毅：释放激情与坚持的力量》一书中可以发现作者安杰拉·达克沃思提出了成就公式：

$$潜力 \times 努力 = 技能；$$

$$技能 \times 努力 = 成就。$$

根据这个成就公式总结出激发潜力的三个训练步骤：

第一步：在绝境中激发潜力。

托马斯·哈代的诗作《在黑暗中（二）》里有这样一句话："通往佳境的方式，需要在绝境中寻找。"如果你不确定自己是否拥有解决问题的能力，如

果不知道自己的潜力究竟在哪里,那么你可以主动走出自己的舒适区,用这种方法倒逼出自己的潜力。

第二步:把潜力修炼成技能。

当你找到自己的潜力后,就要利用成就公式中的"潜力×努力＝技能",把潜力进行刻意练习,努力将其变成一项技能。安杰拉·达克沃思总结的这个成就公式是真好用。学蛙泳要会换气、蹬腿、划手,刚开始跟着教练分别模仿这三个动作,然后借助浮板把换气和蹬腿组合起来练习,再把换气、蹬腿和划手三个动作进行组合,最终把一套动作合并起来练习,我用七节课学会了蛙泳。后八节课我用同样的流程,将自由泳的打水、划水、换气这三个动作分开练习,最后组合到一起练习,也学会了自由泳。

第三步:把技能从学会练到精通。

当学会一项技能后,就要利用成就公式中的"技能×努力＝成就",继续对技能进行刻意练习,努力把技能从学会练到精通。

什么是"精通"呢？詹姆斯·克利尔在《掌控习惯》中提出了他对"精通"这个概念的理解,主要强调对一个领域的精通。他认为:习惯动作+刻意练习＝精通。

可以在这个精通公式的基础上做一下改动,这里主要强调单个技能的精通,是在习惯动作的基础上,每次增加一点难度进行刻意练习,这样才能更好地做到精通某个技能,如图1-1所示。

习惯动作 + 刻意练习 = 精通
△
增加难度

图1-1　精通公式

跟教练学完两个泳姿后,我选择先把自由泳这个技能练到精通,通过查阅游泳相关的书籍和资料、看游泳视频教程,结合游泳比赛的相关数据,给自己制订了2~3年的自由泳训练计划。截至目前,我在半年的时间里,已经游了42次,从刚开始游10米就要停下来休息,到现在能游1 200米。虽然还算不上精通,但是我进行刻意练习的过程,可以很好地证明这个公式的有效性。

刚开始,知道自己自由泳游不远,所以我放弃完整地游。第一步先练习手持浮板双腿打水,刚开始每组只能打水25米,然后慢慢能做到每组打水50米、100米、200米,直到自己能一次打水600米;第二步腿夹浮板练习手臂划水,刚开始每组只能划水12米,然后一边练习一边纠正动作,慢慢能做到每组划水25米、50米、100米、200米,直到自己能一次划水600米;第三步扔掉浮板进行完整的练习,刚开始每组只能游25米,现在每组能做到游100米,未来我还会持续刻意练习,做到一次游1 500米,甚至更远。

在"学会"并养成习惯的基础上,对某个知识和技能持续增加难度,在实践中反复进行具有适当强度的训练,让自己能透彻理解、熟练掌握、灵活运用这个知识或技能,才是真正精通。

03

搞定难题：多数困难是想象出来的

危机，就是转机。

——阿尔伯特·爱因斯坦

一个人不是遇到困难而出现不自信，而是因为不自信才遇到困难。

青梅是一名社区医院的医生，45岁时开始跟我学习自我成长课程。她一直渴望升职，无奈自己的沟通能力太弱，平时说话声音很小。坚持学习一段时间后，她意外被提拔为办公室副主任，这让她既惊喜又害怕。

惊喜的是，期盼多年的升职终于如愿以偿，紧接而来的害怕，是要做自己不擅长的事，也就是做团队管理和沟通。刚开始，她不敢给下属下达指令，大部分事情都是自己默默地做，把自己累得半死。刚上任时，有一个下属完全不听从工作安排，总是跟她唱反调，直到后来她们吵了一架，青梅才终于突破自己。

在适应副主任这个岗位的半年时间里，她所有的复盘和咨询主要围绕工作上的人员管理问题。遇到小困难,她会咨询如何解决。当下属频繁制造麻烦,她又无可奈何时,会唉声叹气地说:"我还不如就老老实实地当个医生,这个副主任太难当了。"

"<u>困难总会有,但方法总比困难多</u>。"除了鼓励她的信心外,我还让她学习团队管理,如何与下属沟通。最终在和下属吵了一架之后,她才真正明白:"我的性格偏软,通过学习和咨询,我已经掌握了管理团队的方法。"

又过了半年,她完全胜任副主任这个岗位,正好也是她学习满一年,需要重新梳理人生目标。她在咨询的时候问:"我能不能把工作目标定为当上(社区医院)院长?"我说当然可以,她笑得像个孩子,说:"我还以为老师会说我骄傲,说我不靠谱呢。"

3年后,经过不懈努力,她成功升任办公室主任。她说:"虽然距离退休只剩下7年,但我还是想努力一下,不让这辈子留下遗憾。梦想还是要有的,万一实现了呢。"

所以,<u>不是成功带来了自信,而是因为有自信,才多一分成功的可能</u>。

生活中,大多数问题都有解决方案。青梅遇到困难的时候,第一反应就是逃避,有时候她在咨询中从头到尾都在叹气,几乎把我这个咨询师的能量从100%直接耗到仅剩10%。但是,我始终在听她诉说,分析她遇到的困难,帮助她克服。

她有时会问我:"老师,我这么不争气,你是不是想要放弃我了?"我回答:"只要你坚持不放弃,老师就不会放弃你。"后来,她坚持下来了,从需要我手把手指导如何解决困难,到现在基本能自己搞定绝大多数困难。

1. 困难的本质

搞定难题的本质,不是让这一次渡过这个难关,而是通过拆解困难,学会如何应对各种困难,都能"大事化小,小事化了"。所以,在遇到问题或困难时,"突破自己"是第三个成事心法。它能让你一次次拓展舒适区,增强解决问题的能力。

什么是困难？就是指在实现目标或完成任务过程中遇到的阻碍或挑战。这些阻碍或挑战可能来自外部环境的制约,如资源限制、时间紧迫等;也可能源于内部的恐惧、疑虑或能力不足。<u>本质上来说,困难是对现实与期望之间差距的一种感知。</u>

困难也被解释为大脑在处理信息时遇到的障碍。通过不断训练和挑战,可以增强大脑的适应能力,从而更有效地应对困难。

不同的人对困难的感知力不同,所以,当一个人说自己遇到困难时,这个"困难"只是一个主观性的观点描述。比如,小凯说想坚持早起看书,这对她来说是一个"困难"。分析是:因为小凯把看书当成一个任务,当然也就不愿意早起看书。如果看书当成生活中的休闲活动,早起看书就不是任务,而是一件像吃早餐一样开心的事。

困难的大小与一个人的能力、经验和心态有关。对高手而言,某些困难可能微不足道。所以,我在咨询中经常说:"不要因为怕麻烦我,就不好意思提问,你自己纠结几天的问题或困难,可能到我这里,几分钟就解决了。"另外,随着时间的推移、条件的改变、个人的成长,原来看似不可逾越的困难,再回头看根本算不上事儿。

2. 为什么说多数困难是想象出来的

一是源于对未知的恐惧心理。

当遇到一个不确定的问题时,往往因为无法预测结果,就会把它想象得很困难,或者提前预设一个不好的结果,这样就可以逃避执行任务。这种"自我设限"是为了防止失败后带来过多的负面评价。戴尔·卡耐基说:"不想承担责任的人,总是会把困难当成理由。所有困难都能够被打败,前提是我们能勇敢地抵抗埋藏在心底的恐惧。"

二是潜意识中的主动防御机制。

当面对困难时，身体会产生一系列反应，如心跳加速、血压升高、呼吸急促等。这些生理反应不仅影响身体，还可能加剧相关感受，这时候潜意识就会启动防御机制。

菲利普·马费通在《耐力》一书中分析："这时候，如果我们仍然一味冲击自己的极限，'精疲力竭'的感受就会来袭。这种感觉实际上起到了一种自我保护的作用。是我们的大脑，而不是我们的肌肉逼迫我们停了下来。但是，肌肉给大脑提供了多种反馈，'暗示'大脑让我们停下来。"

日常写文章时，一般写完一篇两三千字的文章后，就感觉自己很累，至少当天再也不想继续写第二篇文章了。当我闭关写作时，我的目标是一天写一万字以上，相对于平时只写两三千字就是一个较大的困难。上午完成几千字后，我的身体便习惯性发出疲惫信号，让我不要再写下去。但是，我已经把自己关在一个小房间里闭关，哪里也去不了，只能硬着头皮继续写，最后完成了写作目标。

3. 搞定难题的方法

那么，如何学会搞定难题，增强自己解决问题的能力？有三个训练方法：

第一，调整心态，接受困难。

<u>如果一件事没有任何困难或挑战，它就不值得做。</u>面对困难时，通常会产生焦虑情绪，但常常高估了问题、困难，低估了自己的能力。

所以，要调整心态，从消极被动转变为积极主动。每一次直面新的困难，就相当于挑战自己，突破自己的舒适区。通过一次次训练，就能让自己逐渐成为解决问题的高手。

在调整心态的过程中，如果仍然不由自主地把困难想象得很大，就需要

学会计算真实的风险,用理性来控制自己的本能。汉斯·罗斯林在《事实:用数据思考,避免情绪化决策》中提出一个公式:风险=危险程度×发生的可能性。真实风险在于两个因素:危险程度和发生概率。所以,在采取行动之前,先让自己冷静下来进行分析,避免错误的决定。

有些人在咨询中拿到解决方案,仍然会说:"老师,我还是不敢去做。"我就反问:"如果你去做了这件事,会失去工作吗?"他回答:"不会。"我说:"那你就去做。"事实证明,他们做完之后甚至取得了良好的结果。下一次面对同样的困难,他们就不再那么害怕了。

第二,拆解困难,逐个击破。

学会拆解困难,也就拥有了项目思维。就像大项目由小项目组成,而大困难是由小困难组成,小困难由微动作组成。所以,遇到任何问题或困难,要先分析它,然后把它按项目、时间等逻辑进行拆解,拆解成每一个具体可执行的微动作,每完成一个动作,就能前进一步。

假如你现在要做一场一个小时的培训,至少有30个同事来学习,需要你站在讲台上用PPT演讲。这对你来说是一个巨大的困难,拆解困难的过程如下:

内部调研,确定选题方向;

列出培训主题和大纲;

找素材和案例;

逐字稿1万字,平均每天写2 000字;

检查和修改逐字稿;

制作30页PPT,平均每天10页;

检查和修改PPT;

对着逐字稿演练10遍,平均每天2遍;

对着PPT演练10遍,平均每天2遍。

通过拆解困难,刚开始一团乱麻的状态,就会立马变得清晰起来,只要按自己拆解的每个步骤去操作就行。虽然在执行的过程中,仍然会遇到新的困难,但只要学会"拆解困难"的方法,困难都能被克服。

第三,及时复盘,提炼原则。

每一次挑战困难的过程中,我们都会收获丰富的经验和教训,通过及时复盘,找到下一次应对困难的原则和方法,就能不断地升级自己。原来自己以为的困难将不再是困难,只是生活工作中的一个节点而已。

下面两个挑战困难后提炼出来的原则:

<u>第一个原则是面对写课,选择闭关写作</u>。当我准备写一个 10 万字的课程,但知道平时干扰因素较多,难以集中注意力高效写课,所以面对写课这个困难时,我选择闭关写作。有了闭关写作的效率,再回到平时,写一篇两三千字的文章,就非常轻松。

<u>第二个原则是面对咨询,选择集中安排</u>。我刚开始的咨询是一天两三场,但这样有一个坏处,就是我从月头到月尾都在咨询状态,不仅身体疲惫,而且没法做其他工作。于是,我主动挑战自己,尝试将咨询集中在半个月甚至是 10 天内完成。最后,我做到一天可以连续咨询六七场,偶尔还能一天咨询 10 场。

04

成为高手：拥有一个自己说了算的人生

胜人者有力，自强者胜。

——老子

判断一个人是不是某个方面的高手，就问他问题。问一个点，他能回答一个面。再顺着这个面追问，他如果能回答一张网，那基本可以判定，他是这行的高手了。

1. 高手的本质

越是高手，越少谈观点，而是擅长从不同的角度去解释现象。高手面对一个问题，他很少说那些主张性的观点，比如谁对谁错、你应该怎么做，等等。对于这些话题，高手不评判，他会在大脑中针对一个现象进行理性思考：有没有不同的解释，能不能换一个角度去看？

<u>高手就是把普通的事情做到极致，让他人无法忽视他的出色。</u>南希就

是个典型例子,她这些年把写作这件事做到了极致。从开始学习写作到现在不过7年多,累计写了1 000多篇文章,不仅通过写作增加了收益,而且还写出50多篇10万+、多篇100万+阅读量的爆款;如今她不但写了自己的"人物稿爆款写作课"指导别人写作,而且在成为写作教练后已累计做了100多场写作咨询。

她也是从零开始学习写作,刚开始利用工作之余,学了几门写作课,能写一些简单的文案,挣点小钱,但始终没有突破。我认识她之后,非常欣赏她写的文章,于是对她说了一句:"我看到了你身上的潜力,你很优秀。"

后来,我在她的成长文章中看到下面这几段话:

> 被高手看见,让我无比欣喜。从此以后,就跟着老师一路往下走。刚开始,我只是听话照做,他让干啥我就干啥。再后来,他只给我一个模糊的目标,就让我自己去干。比如,用一年时间成为听书稿签约作者。当时我真的是一脸蒙:啥是听书稿?没写过。去哪里找签约途径?不知道。但也只能硬着头皮上。
>
> 最终,我顺利通过豆瓣文案找到收稿途径,也顺利签约,写了几篇听书稿。到现在我仍记得,不论严冬还是酷暑,天还没亮,家里人还在熟睡,我就开着台灯,打着呵欠码字。
>
> 就这样坚持了3年,没想到机会又一次被我抓住。2022年5月,我第二次辞职做自由职业,意外地被老师邀请,加入合伙人团队。我在职场一直默默无闻,也曾渴望被看见,但始终不得其法,还暗自责怪自己性格太内向。却没想到,自己会因为把写作这件事做到极致而被人看见。甚至,通过这件事我找到了未来的人生目标和意义,也成了别人眼中的高手。

当南希开始教别人写爆款文章时,就成了自己小圈子里的高手。正如我经常跟她说的,她现在成功做到了正向影响别人。很多时候,高手之所以

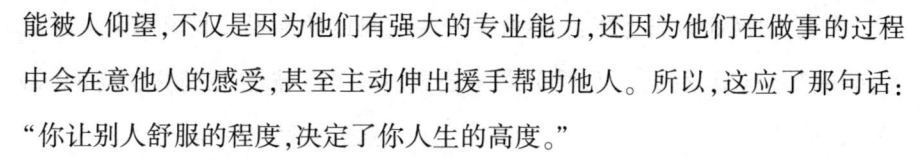

能被人仰望,不仅是因为他们有强大的专业能力,还因为他们在做事的过程中会在意他人的感受,甚至主动伸出援手帮助他人。所以,这应了那句话:"你让别人舒服的程度,决定了你人生的高度。"

怎样才算是高手?<u>所谓"高手",指的是那些在某一领域内拥有卓越技能、深厚知识、独特见解和高度自律能力的人。</u>他们不仅在自己的专业领域内表现出色,更能在复杂多变的环境中保持冷静,迅速作出正确决策。

高手更偏好满足高级需求,包括运动、读书、学习、交友等。高手更注重战略,从长期主义出发去做对未来有利的事。

想要成为高手,并不是简单地克制低级欲望就行,而是要让自己成为一个长期主义者。所以,高手之所以是高手,是因为他们在遇到问题或困难之前,就已经做好了充分的准备工作,随时能迎接挑战。

2. 为什么人人都想成为高手

一是提高个人工作效率和创造力。

在自己身边,总能看到那些厉害的人,把事情做得又快又好。普通作者写一篇文章可能需要六个小时,而写作高手只需要两个小时。同样的时间,写作高手的效率是普通作者的三倍。

二是能成为身边人的榜样,影响更多人。

高手通常会被视为榜样和领袖,他们的行为和言论会受到更多人的关注和尊重。因此,成为高手能够提升个人的影响力,发现更多机会和资源,满足个人自我价值实现的需求,带来内心的满足感和幸福感。

我毕业后参加工作,刚开始想挣钱,后来想当主管带团队。有了丰富的职场经验和个人能力之后,就想成为创业者。在做个人成长咨询师的过程中,又树立了一个成为作家的梦想。因为成为高手之后,除了满足基本的生活需求外,我能高效地解决问题,做自己喜欢的事,成为身边人的榜样。

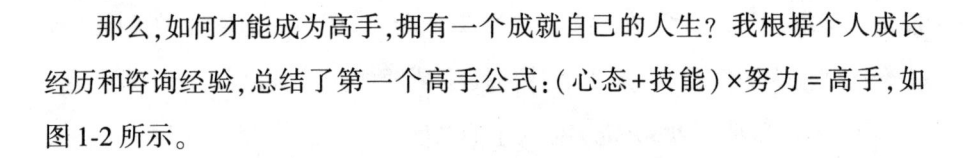

那么,如何才能成为高手,拥有一个成就自己的人生?我根据个人成长经历和咨询经验,总结了第一个高手公式:(心态+技能)×努力=高手,如图 1-2 所示。

$$(心态+技能)×努力=高手$$

图 1-2　高手公式 1

有人问我成为高手是否需要天赋,当时我会心一笑,因为我曾经也问过类似的问题。入行做文案时,我问前辈:"我的文案写得不好,写作是不是需要天赋?"她跟我说:"写作这东西,不需要天赋。"后来,她还补充说:"我看你写的东西,虽然是新手水平,但是写得非常用心,很有潜力。"当时的我是这样想的:"有没有潜力,我不确定,但是如果写作不需要天赋,我就有信心去做好这件事。"

如今,10 年过去,我不仅通过写作养活自己,而且还有机会写书。这段经历也能证明,一个人通过后天努力,是可以成为高手的。只不过,如果想成为某个领域的顶尖高手,可能真的需要一些天赋,但普通人通过修炼成为大多数人眼里的高手,就已经足够了。

所以,我总结出来的高手公式中,并没有天赋这一项。在激发潜力那一节讨论过成就公式,普通人通过努力练习激发自己的潜力就能修炼成一项技能。而想成为高手,就需要持续付出"努力",同时刻意练习自己的"心态"和"技能"。

3. 成为高手

根据公式,要成为高手,主要从以下三个方面进行训练:

第一,修炼心态。

高手的心态是什么样的呢?是泰山崩于前而色不改,还是如庖丁解牛一般游刃有余?胡林翼说过一句话:"世自乱而我心自治,斯为正道。"意思是在混乱和迷茫的世界里,找到内心真正想要的东西才是最重要的事。

一个高手的心态,最关键的是"定"。

因为一个人的心安定,他的世界才是安定的,才不会随着环境变化而轻易改变,能够始终沿着既定方向修炼自己,让自己成为高手。也就是说,高手总是允许意外发生,并能接纳突如其来的变化,拥有长期主义心态,懂得延迟满足,静待努力后的自然花开。想要成为高手,就要修炼自己的心态,无论外界环境如何变化,始终能让自己的心安定。

这样的心态,通俗一点讲就是"成熟"。如罗曼·罗兰所说:"世上只有一种真正的英雄主义,那就是认清生活的真相后依然热爱生活。"一个成熟的人,在看清现实之后,仍然坚持热爱这个世界,积极主动去做与目标有关的事。又如弗朗西斯·培根所说:"成熟并不是看透一切,而是学会宽容和尊重他人的观点。"一个成熟的人,懂得尊重你,并不是因为你优秀,而是因为他优秀。又如哲学家布莱士·帕斯卡所说:"人类所有的问题,都源自我们无法独自一人安坐在房间里。"一个成熟的人,会懂得独处,独自忍耐或享受一个人的时间和空间。

简单来说,修炼"定"的心态,可以从乐观、宽容、独处三个方面下功夫。

第二,聚焦核心技能。

一个人需要练习很多个技能,才能精通某个领域。但是在一段时间期内,最好是聚焦练习一个核心技能,因为有时候掌握一个核心技能可能需要几个月,甚至几年时间。在练习核心技能的过程中,要学习与技能相关的专业知识,找到擅长该技能的高手,从模仿高手的每个动作开始,学会高效练习技能的方法。

成为高手,其实很简单,就是每天对技能进行一次又一次的重复训练,偶尔增加一些难度,然后继续重复训练。直到你做这件事不需要思考、不需要灵感,随时随地都能做。这其实就像不管喜欢不喜欢,每天都要正常上班。

正如艺术家查克·克洛斯所说:"我们专业艺术家不讲什么灵感,灵感是留给业余爱好者的。"

自 2019 年开始做个人成长咨询以来,我一直专注于练习咨询技能。自学心理学相关知识、学习心理咨询师的咨询技巧、跟着老师学习教练技术,然后在一场又一场的咨询中迭代自己的咨询能力。一开始做咨询时,需要咨询者提前把问题和背景信息发给我,我花时间提前准备好分析要点和解决方案。成为个人成长咨询师 5 年,累计完成 2 500 场咨询后,哪怕是一个完全陌生的咨询者,前一秒提完问题,接下来的几秒我就能将整个问题的分析要点和解决方案在脑海中勾勒出来。

2022 年,我尝试过做视频号和直播,坚持一个月后我暂时放下了,因为知道那与我当下聚焦的核心技能不匹配。尽管我会错过视频号和直播的风口,但依然坚持聚焦自己的核心技能。直到 2024 年,我感觉自己的咨询技能足够成熟,才决定下一步要修炼的技能就是写书、直播、做视频号。

第三,持续努力。

真正的高手从不停止努力。在高手公式中,"努力"是需要做到持续性,以及适时增加难度的刻意练习。这样才能让自己一点点突破舒适区,成为更优秀的自己。

某位国际名人就是这样一位能做到持续努力的高手。2009—2019 年,他每年进行一项挑战,一共完成了 11 项挑战。

- 2009 年,他要求自己每个工作日系领带。
- 2010 年,他挑战自己学习中文。
- 2011 年,他进行了食物方面的挑战。
- 2012 年,他逼着自己每天写代码。
- 2013 年,他要求自己每天跟公司以外的人见面。
- 2014 年,他要求自己每天写一封感谢信。
- 2015 年,他要求自己每两周读一本新书。

- 2016年,他要求自己开发一款人工智能助手,全年坚持跑步。
- 2017年,他要求自己走遍美国的每个州。
- 2018年,他专注于解决公司的特殊问题。
- 2019年,他和公众讨论科技的未来。

直到2020年,他放弃了年度个人挑战,转为关注下一个十年重要的长期目标。他说:"与年度挑战相比,我试着思考2030年我希望世界是什么样的、我的生活会是什么样的,这样能确保我专注于这些事情。"

从这个故事不难看出,在持续努力的过程中,高手擅长利用碎片化时间、高强度练习、拓展多个学科的知识,尝试将不同领域的知识和技能融合,能创造新的思维方式和解决方案。

可复制的学习力——成为解决问题的高手

📝 读书笔记

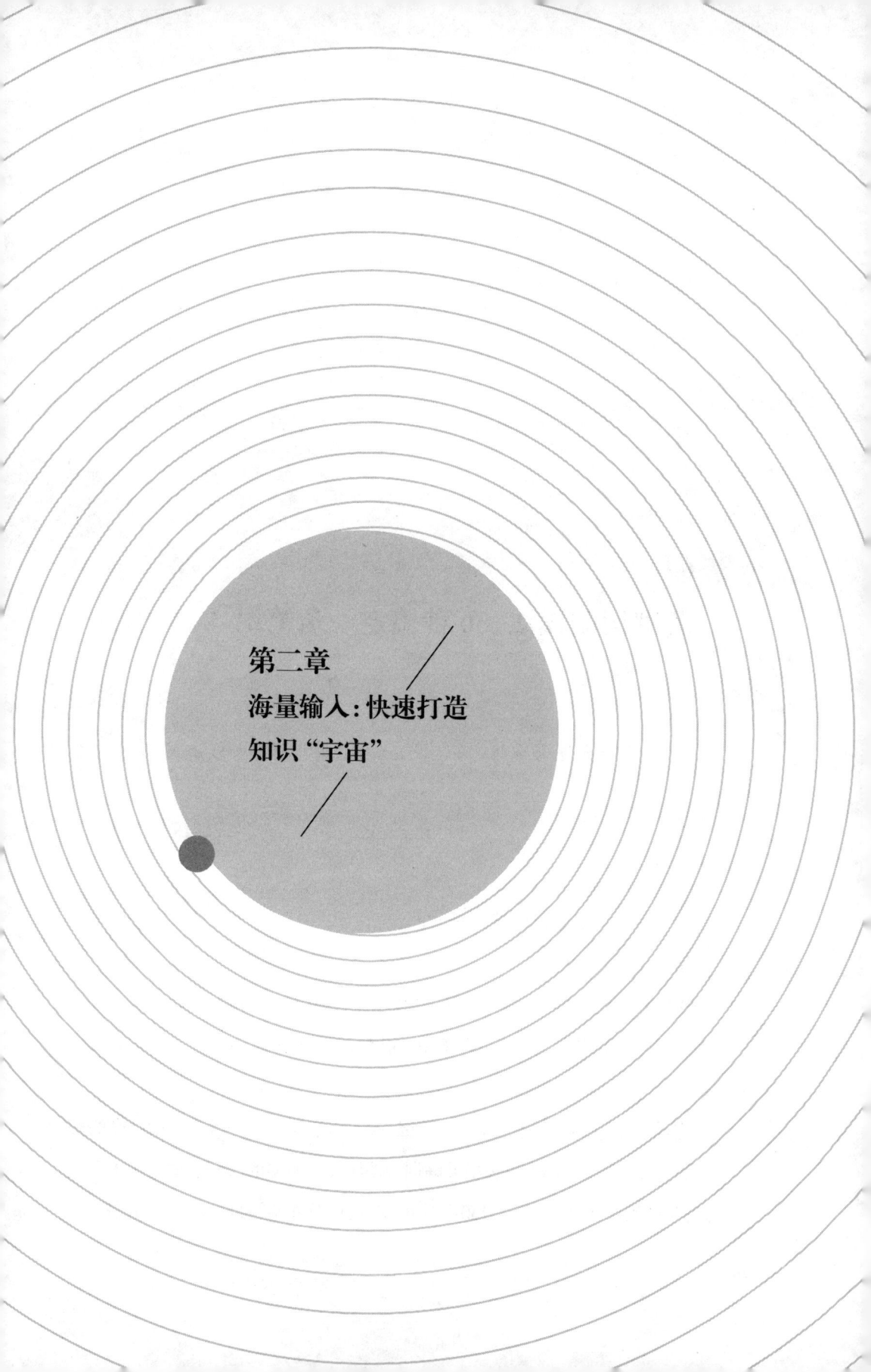

第二章
海量输入：快速打造知识"宇宙"

01
关键词阅读法：30 秒搞定一条笔记

> 书中的词语就是含金的矿石，你只有将它们打碎并加以熔炼，才有可能化石为金。
>
> ——约翰·罗斯金

你写一条读书笔记要花多长时间？

我只需要 30 秒。

相信看到这个结果，你一定觉得我吹牛。30 秒时间怎么能写完一条读书笔记呢？不是瞎写，就是走马观花，根本记不住任何知识点，也学不到什么东西！

你说得没错，30 秒记下来一条笔记，我不可能记得住这个知识点，也的确学不到太多东西。但是，我采用关键词阅读法在 3 年多的时间里做了 1.1 万条笔记，并借助这些笔记，写了 150 万字的课程，以及开始写自己的第一本书。

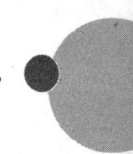

1. 关键词阅读法的本质

做笔记的本质，不是为了掌握这个知识点，而是通过记录关键词来形成自己的知识库。换句话说，在电子书盛行的互联网时代，慢摘录的方式不够高效，需要通过关键词阅读法，形成一个又一个知识点，快速搭建出属于自己的知识体系和网络。后续需要写作、分享、表达时，通过主题关键词搜索自己的笔记，能快速找到所需素材，形成一篇高质量的文章。

所以，关键词阅读法成为读书必备的一个新方法。什么是"关键词阅读法"？就是在快速阅读电子书的过程中，把重要内容提炼成关键词，快速做成一条笔记，日积月累形成一个电子笔记合集。而这个电子笔记合集就像一个外部存储器，是人类的"第二大脑"。

蒂亚戈·福特在《打造第二大脑》中写到："第二大脑可以承担以下四大超能力——推动抽象思维的具象化，促进不同思想间的融会贯通，辅助长期决策规划，形成鲜明而独到的观点。"由此可见，关键词阅读法这种输入形式，不仅有利于快速打造知识"宇宙"，而且它是成为解决问题高手的必经阶段。毕竟，没有足够庞大的知识体系和网络，就不能拥有快速思考的动力来源。

2. 为什么要使用关键词阅读法做读书笔记

一是方便自己快速检索和查询。

看电子书，做电子笔记，可以在软件上通过关键词快速检索、回顾知识点，以此获得更多启发和灵感。如果笔记写在纸质本子上，或者写进 Word 文档中，不利于在线检索。如果所写笔记在开头没有关键词，在检索时也很难从海量的笔记中准确找到某条笔记。

二是提高阅读速度和效率。

假如按平时写笔记的习惯，一条笔记花费 10 分钟，一本书写 3 条笔记就占掉了 30 分钟，哪还有时间去阅读更多有用的内容呢？所以，用关键词阅读法做笔记，一方面能节约做笔记的时间，腾出更多时间用于阅读本身；另一方面能从书中抓取更多的关键知识点，也就提高了阅读的效率。

三是强化提炼能力和本质思考能力。

按同样的方法，可能你刚开始需要几分钟才能完成一条笔记，随着训练次数越来越多，你就能做到在 30 秒内针对一个观点或案例提炼出好几个关键词。所以，这个方法能倒逼自己强化提炼能力和思考能力。

实践关键词阅读法时，刚开始可能会不适应，这是很正常的现象。我在教这个阅读方法时，不少人刚开始非常不适应，因为这个方法完全打破了他们过去的认知和阅读习惯，需要一段时间去适应和改变。不过，一般在练习两三个月后，就能掌握这个方法。

3. 关键词的四个操作步骤

那么，如何学会关键词阅读法，并做到 30 秒搞定一条笔记？下面结合实践这套方法的经验及教训，演示阅读"得到"电子书使用关键词阅读法的四个操作步骤。

第一步，选择要做笔记的内容。

做笔记之前，一般是在进行阅读，可以先浏览目录，选择自己感兴趣的章节阅读，或随意打开任何一个章节开始阅读，快速找到自己感兴趣的内容。当然，也可以从头到尾翻阅一本书，找到自己需要的内容。

在阅读的过程中，如何判断什么内容适合做笔记？

凭感觉。这里的感觉就是共鸣感，当看到感兴趣、有用、似曾相识、具有启发性、有创新的内容时，就可以立即做一条笔记，写下几个关键词。

蒂亚戈·福特在《打造第二大脑》中还特意总结了四个标准，来判断哪些内容是适合做笔记的，这四个标准分别是启发性、实用性、个性、新奇性。

第二章 海量输入：快速打造知识"宇宙"

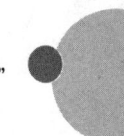

一些人有个不太好的阅读习惯，就是在读书的过程中不断寻找观点或案例，来反复确认已有的价值观。可以允许自己在阅读过程中时常做一些这样的标记，但不建议经常这么做。要多看那些和自己想法冲突的观点，发现让自己眼前一亮的内容，记录那些新奇的信息。

第二步，选中并复制或引用原文。

第二步非常简单，只需要3秒就能搞定。不过如果是在手机上可能会慢一些。将刚刚判断出来适合做笔记的内容，用鼠标选中它进行复制，或者选中它后选择"引用原文"，再进行复制。

第三步，再次选中原文并点击"写笔记"。

第三步更简单了，也只需要3秒。再次选中刚刚复制的原文，或者只选中某个段落，然后点击"写笔记"，进入写笔记页面。

第四步，撰写关键词并粘贴原文。

第四步稍微复杂一点，需要花多少秒，是由你的思考速度、打字速度和操作速度决定的。快速思考出几个关键词后，写在笔记的第一行，各个关键词之间用逗号或分号隔开，然后空一行，把刚刚复制的原文内容粘到笔记里面。

<u>用一个公式来表述，就是：1个笔记=3个关键词+1段原文内容。</u>

首先，说一下"关键词"。

一般来说，看中一段书中的内容，需要在几秒内联想到3~5个关键词。

写关键词也有一些小技巧，为了方便后续点进"得到笔记"，搜索想要的内容，所提炼的关键词，一要简短，二要有逻辑，三要方便搜索和查找。

我在《墨菲定律》中看到一个关于"习得性无助"的心理学实验——1967年，美国心理学家马丁·塞利格曼在研究动物时，用狗做了一个实验。实验总结原文如下：

> 由于长久的努力得不到回报，人们就会觉得努力是一件毫无意义的事情，而这种无助又无望的感觉在心理学上称为习得性无助。

我在"写笔记"功能中写了5个关键词,分别是心理学实验、马丁·塞利格曼、习得性无助、没有意义、绝望。

再举个例子,我在看名人传记时,看到名人读书的故事,非常喜欢,就可以做成一条笔记。下面,示范一下如何根据不同的逻辑,针对同一个内容写不同的关键词。实际做关键词笔记时,选择其中一种方式即可。

第一种,按"内容"做标签:江武墨;个人品牌;自律;阅读方法;抗干扰;地铁读书。

第二种,按"人物"做标签:名人;某某;读书故事;阅读方法;闹市读书。

第三种,按"方法"做标签:阅读方法论;阅读故事;闹市读书;地铁读书。

<u>为什么要按一定的逻辑写3~5个关键词?</u>

第一,能在"得到笔记"上快速通过关键词搜索到同类内容,比如,搜"习得性无助",那么所有关于"习得性无助"的笔记就都筛选出来了。

第二,一条笔记中关键词越多,寻找这个原文内容时,越容易搜索到。比如,我在某条笔记上写"江武墨",说明所有标有我自己名字的标签,都非常重要,或者是与我直接相关的内容。

第三,写关键词时,尽量按从大到小的逻辑。上面示范了如何按三种不同的逻辑写标签,并且每一组关键词中,也是按从大到小的逻辑顺序。逻辑可能没那么严谨,能看出层次就行。实在不能按逻辑顺序排列的,随意写也可以。

其次,说一下"原文内容"。

当被书中某个内容吸引时,就可以写一条笔记,而这个有吸引力的内容,就是"原文内容"。在同一本书中,每个人喜欢的内容不一样,选择适合自己的原文内容做笔记即可。比如,我是个人成长咨询师,平时工作中涉及较多的是咨询、写作、阅读、成长等内容,我就会刻意积累相关的观点、案例、数据、实验报告和名言等。我在做笔记时,复制的一段原文内容是某个心理学实验、研究结果,某个统计数据、调研结果等。这些原文内容,不仅可以直接引用到我写的文章、课程中,而且能大大提高写作的内容质量和说服力。

当积累了很多条笔记时,如何使用自己的笔记库?平时没事的时候就浏览一下,如果有额外时间还可以对相似的内容打上同一个标签。最好用的就是搜索功能,通过某一个关键词找到对自己有用的笔记。

02
倒计时阅读法：30分钟看完一本书

读书是在别人思想的帮助下，建立起自己的思想。

——鲁巴金

你看完一本书要花多久？

我只需要 5~30 分钟。

你肯定觉得不可能，因为正常看完一本书至少得几个小时，30 分钟最多能看一两章内容。这是因为对看完一本书的定义不同。在我的阅读体系中，"读完"一本书，是指在 30 分钟内，获取一个及以上的知识点。

我采用这种方法在 3 年多时间里"读完"了 3 500 本书，还在阅读过程中顺手做了 1.1 万条关键词笔记。是的，这听起来就很酷，当然做起来也没有想象中的那么难。

1. 倒计时阅读法的本质

我是如何做到的呢？就是在阅读时使用"倒计时法"，将每本书的阅读

第二章 海量输入：快速打造知识"宇宙"

时间限定在 5~30 分钟。我把这种方法称为"倒计时阅读法"。

"倒计时法"也叫"限时训练法"，意思是在限定的时间内完成某一件事，以提高做事效率。所以，"倒计时阅读法"，就是在规定的时间内完成一定的阅读量。

平时大家的阅读都属于休闲阅读，一般不会去记录阅读一本书的时间，有的时候一本书可能读上好几个月才读完。刚开始我一个月也只能读 5~10 本书，而我并不满意这样的读书效率，便思考如何让自己读更多的书，此时突然想到学生时代为了提高成绩而总结的限时训练法。

高三时，我的数学摸底考试只有 49 分，我从数学老师那里得到了一个"笨方法"，就是每天做一张数学试卷，每次只做选择填空这 16 道题，目标是用尽可能少的时间做到全对，这样可以为后面的大题留出充足的时间。刚开始是记录自己做完这部分题目需要花多少时间，然后通过反复练习慢慢压缩自己做完这部分题目的时间。采用这种方法，我从一开始需要 70 分钟，到半年后，居然只要 30 多分钟就能做完 16 道题，分数也提升到了 120 多分。

这种限时训练法有两个关键点：限时和计时。我用在阅读上，就是限定时间读完一本书，并且每次都记录阅读时间。刚开始，我读完一本需要 3 个小时，后来慢慢减少到 2 个小时。但我发现无论怎么提升速度，读完一本书的时间还是太久了，于是从快速阅读相关的书中学会了挑读，即只选择自己有感觉的知识点进行阅读，最后做到 5~30 分钟读完一本书。

倒计时阅读的本质，不是为了完成看一本书的任务，而是提高阅读速度和效率，做到专注阅读。换句话说，在信息爆炸的互联网时代，一个人每天要面对海量的信息来源，包括文字、音频、视频等，而只有书籍是成体系的知识。需要通过提高阅读效率，从浩如烟海的书库中快速筛选出对自己有用的书。

虽然是强行要求自己在 30 分钟内看完一本书，但完成任务后，大脑会自然产生一种喜悦感。每 30 分钟完成一本，就能强化一次大脑回路，直到自己完全适应和习惯，甚至是喜欢这种方法。此后，在其他限时的任务场景中，也能做到冷静思考、专注做事、高效处理任务。

2. 为什么要在阅读时使用"倒计时法"

一是增强时间感知力。

平时看书或做事的时候，对时间没有太强的感知力。有负面情绪或做一件困难的事时，会觉得时间过得很慢；开心快乐或做一件喜欢的事时，会觉得时间过得很快。大部分时候都是凭着感觉在做事，而没有学会感知时间。通过倒计时法，可以让自己清晰知道30分钟或1个小时做了多少事，让自己从以前对时间单位的感知是天或小时，升级为分钟，甚至是秒，这样一来就会习惯性珍惜时间。

二是提高个人专注力。

假如今天计划30分钟内看10页或30页书，为了完成这个小目标，会在倒计时的"监督"之下，集中所有注意力来完成看书目标。这样不仅能快速捕捉到一本书中的重点内容，而且能在同样的时间内读更多的书。倒计时法同样适用于其他需要专注的事项，这样就能刻意练习自己在某一件事上的专注力。正如泰戈尔所说："专注，只有当你聚精会神牺牲一切，你才能取得成功。"

三是提升做事的速度和效率。

倒计时法还能克服完美主义，为了在限定时间内先"完成"某件事，就不会花费太多时间去追求让这件事更"完美"，如此便学会"先完成再完美"。这样就能在生活、工作和学习中，随时切换状态，提升做事的效率。比如，从工作状态切换到读书状态，或者马上从读书状态走出来去陪伴孩子。

通过三年半的刻意训练，我现在拿到一本书，只需要几分钟就能判断出这本书是否适合自己，里面有哪些内容比较好，哪些内容特别适合×××，然后立即分享给他。收到我的推荐书单时，都会反馈"这本书正好是我当下需要

第二章 海量输入:快速打造知识"宇宙"

的""你太懂我了,我好喜欢这本书""我做了主题阅读,却从来没有找到过这本书,你是怎么找到的"。

那么,如何学会倒计时阅读法,使用倒计时来提高阅读效率呢?有三个简单的训练步骤:

第一步,设定倒计时。

在手机中找到时钟 App,打开之后就能看到一个倒计时的功能,设定为 30 分钟即可;如果怕手机会对看书有干扰,可以买一个电子计时器专门用于倒计时。

一般情况下,要求自己 30 分钟看完一本书。这个时间长度是我根据自己阅读的经验,以及在教倒计时法过程中总结出来的。它也正好契合了番茄工作法的原理,每学习或工作 20~30 分钟就休息 5 分钟。如果刚开始不能一下子适应 30 分钟读完一本书的节奏,也可以先设定为 120 分钟读完一本,再慢慢过渡到 60 分钟读完一本。经过一段时间的训练,就能做到 30 分钟内读完一本。

第二步,专注地阅读。

当按下计时器后,接下来就全身心投到阅读中,专注阅读书本中的内容。看到有感觉的内容,就花 30 秒做一条关键词笔记。

如果在这 30 分钟里,发现自己想喝水、想上厕所、想看手机、想看窗外等,或者家人喊你、手机来了个电话等,请马上克制住自己的想法,屏蔽外界干扰,继续专注阅读。可以偶尔处理一些紧急情况,但事后需要复盘,如何才能减少专注阅读过程中的干扰因素。比如,阅读前要先上厕所、准备好水、把手机调为静音并放远一点、把书房的门关上、跟家人说 30 分钟内不要打扰自己等。这里考验的是,自己是否真正想做一件事。如果想,就愿意主动排除干扰;如果不想,干扰因素就是拖延、偷懒和逃避的最好理由。

第三步,闹钟一响就结束阅读。

倒计时的闹钟一响,无论你看到哪里、看了多少、做了多少条笔记,请马上停止阅读。是的,刚开始训练时,你还是容易被自己的想法或外界因素干扰,当你真正做到专注阅读时,闹钟一响你又不愿意停下来了。这个时候,必须强迫自己停止阅读。

因为在这个方法中,除了训练倒计时法、快速阅读、做笔记之外,还要修炼一个更内核的技能,就是自律。<u>我对自律的第一定义是"对喜欢的要克制,对不喜欢的要坚持"</u>。当你非常喜欢正在读的这本书时,你发现自己30分钟才读了1/3,剩下的内容也非常精彩。于是你关掉倒计时闹钟,继续让自己沉浸在这本书中,当你读完时,发现2个小时过去了。读完之后,你非常开心,也因为收获丰富的知识而心满意足,但是你却不知道放纵了自己,没有按计划做到30分钟读完一本书,更没有做到"对喜欢的要克制"。

这时候,可能会有一个疑问:这本书这么好,就这样扔掉不看了吗?当然不是,在训练快速阅读的过程中,目的就是筛选出好的书,方便自己以后做精读或者回看,只是在训练这个方法的过程中,不要去纠结非得当天看完。

相反,因为读不懂或者不感兴趣,非常讨厌正在读的这本书时,30分钟的倒计时闹钟还没有响,就会分散自己的注意力,甚至提前结束阅读。这时候,就不小心掉入了"偷懒"这个坑,同样是没有按计划做到30分钟读完一本书,也没有做到"对不喜欢的要坚持"。其实,某本不喜欢的书,在30分钟里看一看,或许有意想不到的收获,因为人总是偏好找自己熟悉的观点,而训练阅读方法的过程中,就是要挑战自己,去读那些和自己观点不同的内容。所以,阅读也好,倒计时法也好,都只是一个工具,在这个过程中可以训练出自律能力。

在倒计时阅读法的基础上,如果你想进一步挑战自己,还可以在60分钟内看2本或在90分钟内看3本不同的书。我把它称为交叉阅读法,既可以提高单次的阅读时长,减少只阅读一本书的枯燥感,又能练习快速切换注意力的能力,加速形成工作中多任务操作的能力。

03

字典式阅读法：一个月看 30 本书的秘诀

读书破万卷，下笔如有神。

——杜甫

一个朋友来到我家里做客，看到客厅和书房里三面墙的书架，引发了下面一段对话：

"你的书架上总共有多少本书？"

"大约有 2 000 本吧。"

"这些书你都看完了吗？"

"大部分书都看完了。"

"这不太可能吧，我一年才能看十几本书，你是怎么看完那么多书的？"

还有一次，我在朋友圈分享自己一年快速阅读 1 000 本书的成果，评论中

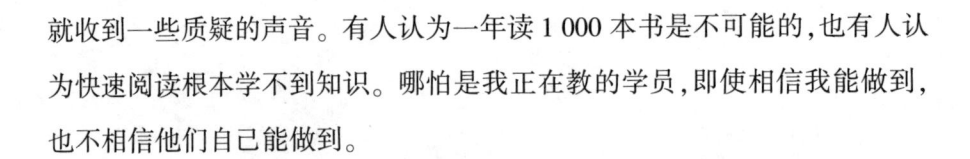

就收到一些质疑的声音。有人认为一年读 1 000 本书是不可能的,也有人认为快速阅读根本学不到知识。哪怕是我正在教的学员,即使相信我能做到,也不相信他们自己能做到。

1. 字典式阅读法的本质

事实上,很多人接受不了快速阅读。

在传统环境的影响下,大家习惯了逐字逐句的精读模式,认为一字不落看完才叫读完一本书。我在教学习快速阅读的过程中,大家会有两个困惑:一是遇到好书总忍不住从头到尾读完,没办法做到快速阅读;二是按快速阅读的方法读得太快,以至于什么都记不住。

根据中国新闻出版研究院发布的国民阅读调查:2023 年,成年国民人均纸质图书和电子书阅读量合计为 8.15 本。如果按这个速度去获取信息和知识,将远远落后于互联网高速发展的步伐。时代早就变了,但不少人的认知还停留在精读纸质书的时代,没有建立起用快速阅读适应屏读时代的新认知。

<u>一个人阅读速度的快慢,与知识的获取或运用并没有直接的关系。</u>

阅读的本质,不是为了记忆知识,而是通过主动获取信息和知识,帮助<u>自己认识世界、发展思维</u>。换句话说,在互联网时代,阅读是为了收集信息和知识形成个人知识库,方便随时查找以高效地解决问题。

所以,快速阅读成为人们读书的一个必要条件。在教授快速阅读的过程中,我总结出一套字典式阅读法,能让一个月都看不完一本书的你,轻松做到一个月读完 30 本书。

<u>什么是"字典式阅读"?</u>就是把看过的每本书变成"字典"中的一个字或一个词,需要用到某个字或词的时候,就查阅一下"字典"。用这种方法看书时,记不住书里的知识点是正常的,看似记不住,但大脑的潜意识会自动过

滤信息,仍是有效阅读。这是一种"撒网式学习",广泛撒网,重点捕捞,只要网足够大,线足够长,就能筛选出对自己有用的知识。

那么如何形成"字典"呢?光靠大脑,肯定记不住庞杂的知识体系。如果你一年读了300本书,可能连50本书的书名都记不住。所以,需要借助"关键词阅读法",平均每本书做3条笔记,每条笔记至少提炼出3个关键词。这样一年读300本书就能做900条笔记、提炼2 700个关键词,慢慢就能形成一部大"字典"。

2. 为什么字典式阅读的学习效率更高

一是拓宽知识面和提升阅读速度,构建出一个庞大的知识网络。

假如你一年精读10本书,从每本书中吸收10个知识点,那一年能吸收100个知识点。当你学会字典式阅读之后,一年能读360本书,就算每本书只吸收1个知识点,一年也能吸收360个知识点。最重要的一点是,精读的100个知识点只能从10个作者那里获得,而字典式阅读的360个知识点却是从360个作者那里获得。

二是学会筛选信息,提高决策的速度。

这里的信息包括材料、文章、书等任何以文字、音频、视频展现出来的内容。在互联网信息爆炸的时代,每天接触到的信息中既有优质内容,也有垃圾信息,需要人们拥有筛选有效信息的能力。

2021年初,我给自己定下一个目标,一年快速阅读1 000本书、十年快速阅读1万本书。前三年半,我已经顺利完成了3 500本。截至2024年6月,在学过字典式阅读的28位学员中,有23人实现了每个月读50本书的目标,其他人每个月能读30本以上。梦凡只有初中学历,在40岁之前从不看书,经过一段时间的训练,现在每个月都能读50本书。

3. 字典式阅读法训练

那么,如何学会字典式阅读,并做到一个月读 30 本书?有以下三个训练方法:

第一,设定一个月快速阅读 30 本书的目标。

无论是每天阅读还是隔三岔五看书,不管是每天阅读 5 分钟还是 120 分钟,最终都以每月完成 30 本书作为关键目标。

在设定数字目标的同时,要做好选书规划,也就是提前找好本月要看的书单。一般来说,小说和散文不列入字典式阅读的范畴,因为跳读小说不能理解全书的意思,散文需要逐字逐句品味文字意境。其他类型的书可以随意组合,比如从心理、职场、学习方法、管理、历史和生活健康等类别中各挑 5 本;也可以根据学习或工作中的实际需求进行主题阅读,比如围绕"升职加薪"这个主题,从团队管理、团队协作、职场沟通、运营技能、工作汇报和职场心态等小主题中各挑 5 本。

第二,30 分钟"读完"一本书。

快速阅读的方式包括跳读、挑读、瞄读和瞟读等,可以通过相关的课程或文章学习到具体的技巧。在践行字典式阅读的过程中,不管书的厚薄、难易,每本书的阅读时间必须控制在 30 分钟内,一次只专注看一本书。这样就能在有限的时间里,汲取一本书的精华,同时还能练习专注力。

对于快速读完一本书,每个人的理解有所不同。有人认为是在逐字逐句精读的基础上加快速度,有人认为是采用某种快速阅读的技巧让自己一目十行。这些观点并没有错,但会存在一个问题,就是一本 300 页的书可能需要 6 个小时才能读完,距离字典式阅读所要求的 30 分钟读完一本书有很大的差距。

到底怎样才算快速读完一本书?这里要重新定义"读完",才能打破旧的阅读认知,接受新的阅读方法。传统意义上的"读完"一本书,无论是精读还是跳读,都不在意阅读的时长,而只在意是否完整地把书读完了。

在字典式阅读中,"读完"一本书,是指在 30 分钟内,获取一个及以上的知识点,就算读完了这本书。

另外还需要注意三个问题:一是如实记录每本书的阅读时长;二是超过 60 分钟的阅读,都不能算作字典式阅读的看书数量,只能算作精读;三是对于一些不符合个人喜好或者比较劣质的书,在 10 分钟内快速浏览完,就可以扔掉这本书,但仍然算作快速阅读了 1 本。

第三,平均每本书做三条关键词笔记。

根据我在 2021—2023 年期间实践字典式阅读法的经验和数据,当我读到 3 000 多本书时,大约积累了 9 000 条关键词笔记。这样算下来,每本书平均做了 3 条笔记。

如果一个月读 30 本书,做了 90 条左右的笔记,相当于能兼顾阅读的数量和质量。当然,不是每本书必须去做 3 条笔记。对于优质的书,可以做 10 条以上的笔记;对于劣质的书,可能一条笔记也没有。

现在,把这些方法融合在一起,就可以总结出字典式阅读的四个训练步骤:

第一步:计划。设定一个月快速阅读 30 本书的目标,并提前规划好看哪些书。

第二步:执行。30 分钟读完一本书、每本书平均做 3 条关键词笔记,以这两个要求认真读完每本书。

第三步:检查。以每天快速阅读一本书为例,每周日需要检查是否完成了 7 本书,每月最后一天需要检查是否完成了 30 本书。

第四步:调整。在检查数据结果的基础上,及时调整目标和执行进度。如果第一周只读了 5 本,则未完成的 2 本需要在第二周补回来;如果本月只完成了 25 本，则未完成的 5 本尽量在下个月补回来。为实现一年快速阅读 360 本书的目标，闲暇的月份允许多看几本，忙碌的时候则可以少看几本。

培根说："知识就是力量，但更重要的是运用知识的技能。"快速阅读的确能带来丰富多彩的知识，但学会快速阅读的方法和技能才是前提和关键。

04

两倍速听书法：一年听 1 000 本书不是梦

> 节约时间，也就是使一个人的有限的生命，更加有效，也就等于延长了人的寿命。
>
> ——鲁迅

我看到身边很多人都是用倍速来看电视、电影或视频，我想快进看视频的感觉一定很好。所以，我开始思考：是否可以在听书或者听课时也使用倍速来提高效率？

于是，我进行了尝试。<u>在过去 10 年，我用两倍速听了 6 000 多本书、200 多门课程</u>。由于听书听课都是在上下班路上、运动、做家务等碎片化场景下完成的，所以，相当于我几乎没有"花时间"就学了这么多知识。

1. 两倍速听书法的本质

刘润老师的公众号在 2020 年发过一篇《如何高效学习》的文章，里面分享了他是如何大量输入信息的。他 2020 年在得到 App 上的学习时间超过 1 000 个小时,平均每天 3 个小时,而且基本上是利用碎片化时间。他说:"我一般两倍速听书,听 3 个小时,其实相当于 6 个小时的内容。得到 App 上几乎每门课我都买了,也全部听完了,有的课程我甚至听了三四遍。"

看到这篇文章时我很开心,刘润老师居然也是采用两倍速听书法。我喜欢用两倍速听书,是因为一个人的时间太有限了。正如但丁所说:"一个人越知道时间的价值,越倍觉失去时间的痛苦。"所以,我会利用一切可以利用的碎片时间去听书。

听书听课的时候,能往大脑里输送大量的陌生知识和内容,一边听一边思考,可以激发出大量的想法和灵感。比如,我的个人品牌咨询课程第六阶段的一个学习方法,灵感就来源于听刘润老师的《胜算》这本书;我第七次迭代个人品牌咨询课程,并新增第七阶段"如何成为一个 π 型人才"的课程内容,是一次在厨房边洗菜边听《徐瑾·经济学大师 30 讲》获得的灵感。

一本好书,背后的支撑一定是一套知识体系。而听书的好处,则来源于讲书人已经总结提炼好了,用一句话或一个模型,概括出作者的核心观点。

比如,在得到 App 听书中,闫冠男老师解读查理·芒格的《穷查理宝典》这本书时,提炼出了这本书的核心观点:多元思维模型。而要想建立多元思维模型,需要了解构建一个好的知识体系的三个步骤:找到纵深的知识点、建立多元学科的知识体系、合并交叉地使用知识。我的个人品牌咨询课程第三阶段通过完成五大学科的听书,形成多角度思考的能力,灵感也正是来自这本书。

听书很重要,但比听书更重要的,是倍速听书。

什么是"倍速听书法"?

就是把平时用倍速看电视、电影或视频的习惯,迁移到听书或听课的场

景下,采用多倍于正常播放的速度来听书或听课,以此来快速扩充大脑的知识容量。如果按两倍速听书,以前听一本书的时间,就可以听两本书。不仅节约了时间,还提高了学习的效率。

2. 为什么要使用两倍速听书

一是能练习听力速度。

当倍速听书时,可以提高大脑在同一时间内的信息接收量。在练习听力速度的同时,能学会取舍,不是每句都要听懂,只要能听到关键词、句子或案例就可以。通过几个月的训练,听 2.0 的速度,就像原来听 1.0 正常速度时的感觉,那么接下来会发生一些奇妙的变化。比如,你会觉得别人讲话速度变慢了,甚至希望他们讲快点,或者干脆打断他们的话;你做笔记的速度变快了,原来参加会议听领导讲话,总是来不及记笔记,而听力速度提升后,不仅能跟上别人讲话的速度,还能记下大部分的重要内容。

不管是听书、听课、听别人讲话,还是学习外语,一定要解决听力问题,因为听觉过滤决定听力的效果。相关研究已经证明,人类的听觉系统有专门过滤语言音节的部分。对熟悉的语言,大脑的过滤功能会把音节送到思维处理部;对不熟悉的语言音节,过滤就会把声音过滤掉。结果是,听不熟悉的语言时,就会感到声音很模糊,甚至不知道自己在听什么。

怎么解决大脑对不熟悉的内容进行过滤呢?那就是多听!找更多的内容来听,去磨耳朵,尽量多听陌生的字、词、句,通过大量听,甚至是多倍速听书、听课,让大脑熟悉更多的语言音节,就能一边听、一边思考,然后再流利地说出来。

二是能提升思维速度。

练习听力速度的同时,思维速度自然就会得到提升,可以让大脑快速思考、分析和决策。在以前,听别人讲话,至少需要耗费 80% 的注意力,才能听明白对方所讲的内容。而听力速度提升之后,听身边人讲话,会感觉到他们像电视画面中的慢放镜头。这时候,只需 50% 左右的注意力去听,剩下的注意力就可以用于思考、分析和决策。在对方的话还没有讲完之前,大脑里就已经有了回答的话。

就像我做咨询师,有人现场提问,我需要在 3 秒内思考后,马上作出回应。如果我跟咨询人说,这个问题你等我 3 分钟,我想他一定会认为我不够专业。我是如何做到快速思考问题的呢?就是因为听力速度足够快,在咨询人描述问题的过程中,我就已经在全面思考、分析,并找到问题的解决方案。在他提问结束的那几秒,就能把回答的框架确定下来。甚至,我在表达第一点的时候,还能继续思考后面可以补充的内容。

3. 学会两倍速听书法

那么,如何学会两倍速听书法,做到一年听 1 000 本书呢?下面以得到 App 上的"每天听本书"为例,分享两倍速听书法的具体操作方法和注意事项:

第一,随意听。

得到 App"每天听本书"中,目前有 4 000 本左右的书,每天会更新一本。有详细的分类,比如心理学、经济学、哲学、文学、社会学等,一般情况下,只要求随意听,不用刻意按学科分类听。在听书的主页上,有一个"新书上架"的按钮,点击进入后,在每日上新的导航栏选择"未学习",点击右上角的"一键播放"按钮,就可以随意听了。

第二,倍速听。

要求自己用两倍速听书,如果一开始感觉 2.0 的速度完全跟不上,可以第一个月用 1.5 倍速,从第二个月开始就能一直使用 2.0 倍速。特别是前三个月的听力适应期,只要自己听得懂每个字、每句话就行。因为这个阶段是

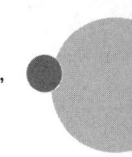

要"磨耳朵",通过倍速听来练习自己的听力速度。也就是同一时间段内的信息接收量,以前一分钟只能听200个字,而两倍速就能接收400个字的信息量,而人的听力速度可以高达约700字/分钟。

经过几年训练后,我尝试把100%的注意力投到听书中,并使用3.0的速度听书。我发现自己居然能正常跟得上,这可太神奇了。还有一次,我同时听两个组的线上分享会,1组的声音是在电脑上外放,2组的声音是戴右边耳机听。大家的语速是在1.0~1.5之间,我能边听两组的分享边做笔记,最后还能分别给予反馈。

第三,碎片化时间听。

听书不占用日常学习的正常时间,一般选用碎片化时间去听,哪怕这个零碎时间只有3分钟也要利用好,正好可以训练"一心两用"的能力。碎片化场景如下:

- 上下班通勤坐公交地铁或走路的时间。
- 早起刷牙洗脸上厕所的时间。
- 洗澡的时间(洗澡放水时,手机音量可能听不见,可以使用蓝牙音箱)。
- 买菜、做菜、吃饭、洗碗的时间。
- 运动的时间。
- 下楼取个快递的时间。
- 不需要一直陪着的带娃时间。
- 失眠睡不着的时间。
- 上班中工作完成的空余时间。
- 开车的时间。

在这些碎片化场景中,有两个场景需要注意:第一个场景,在走路时,建议只戴一边耳机,防止自己过于沉浸在耳机的声音中,忘记看路况;第二个场景，边开车边听书时建议选用1.5倍速，毕竟80%的注意力需要放在开车上，老司机在每天上下班固定的路线上可以听。另外，开高速路、开复杂路、开陌生路况时千万不要听书，因为要一边听导航一边专心看路况。

另外，在练习两倍速听书法的过程中，还有5个小的提醒：首先，不要重复听同一本书，避免失去拓展知识的意义；其次，不要求记住听书稿中的任何内容，习惯了2.0的倍速之后，就可以任由大脑记忆，记住多少知识就是多少，不用刻意要求；再次，多备几个蓝牙耳机，放在不同的包里、家里、办公室里，随身还带一个，这样就能随时听书，不会走在外面突然发现没有耳机，就以此为理由不听了；然后，家里备一个蓝牙小音箱，个儿小音量大，方便移动，去卫生间洗澡时，就可以放在浴室听书；最后，偶尔可以做一条笔记，在碎片化场景允许的情况下，比如在地铁上听书，听到某个特别好的内容，就可以及时打开听书文稿，做一条关键词笔记。

从小就在培养"听、说、读、写"这四个能力，也听很多人说平时也会听一些书，但是并没有建立起良好的听书习惯。而每天坚持听一本书以上，只需要几个月，听书就会成为生活的一部分。如果你每天的碎片化时间在60分钟以上，那么一天就能听3本书，一年至少可以听1 000本书。

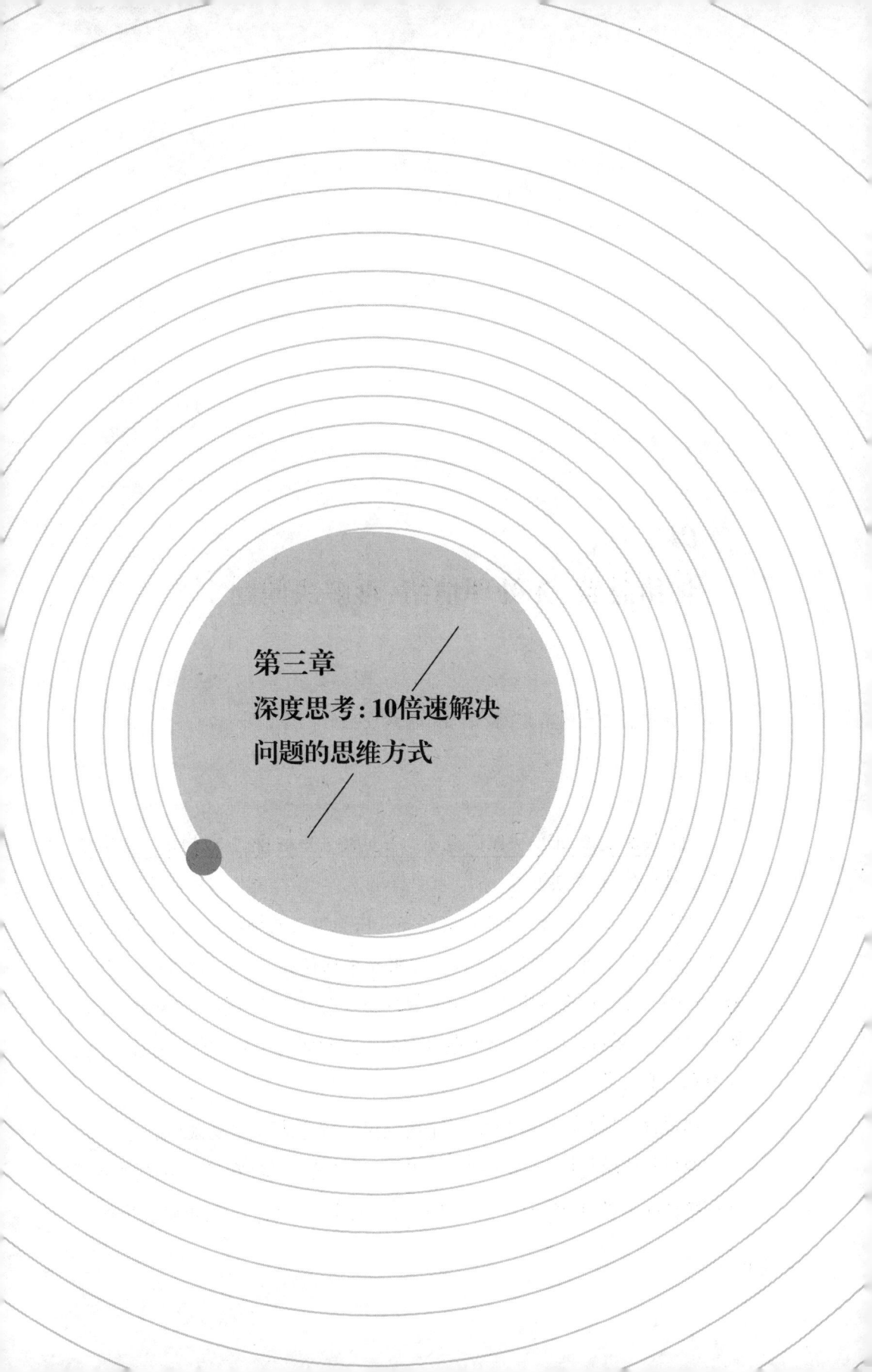

第三章
深度思考：10倍速解决问题的思维方式

01

情绪急救：先处理情绪，再解决问题

你要控制自己的情绪，否则你的情绪便控制了你。

——大仲马

如果情绪失控，不妨去照照镜子。看见镜子里的自己，我想你一定会懂得先处理情绪，再解决问题。

丽卡是一个偏感性的姑娘，遇到点儿压力就会有情绪。毕业的第一份工作是互联网销售，她每周需要完成300个电话任务，20个二次联络的有效客户。第一个月任务没达标，小组领导在会上公开批评，她边听眼泪边在眼眶里打转，回忆自己这个月哪里做得不够好。和朋友一起合租的过程中，她总是希望避免发生矛盾。

建议：停止刻意讨好别人。至于挨批评后，先从写情绪复盘开始。

通过写情绪复盘，她多了理性思考，变得爱笑了。她在复盘中说："第一年的咨询经历，让我领悟到唯有不断学习，人才有飞跃进步的可能。虽然工

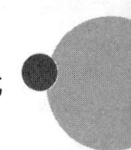

作每天忙碌,但我也学会了在地铁上看书,不在意别人的眼光。"

第一年她写了 123 篇情绪复盘,随着理性思考能力的增强,第二年写了 85 篇,第三年写了 30 篇,第四年只写了 3 篇。她的成长经历证明了稻盛和夫所说:"<u>成功不要有无谓的情绪。即使你抱怨再多,受到的委屈再多,当下最要紧的一件事就是先把工作做好。把工作做好之后你再去调整心情,这才是成熟的人该有的心态。</u>"

丽卡如今是一名自由职业者,接几个聊得来的项目,写自己喜欢的文章,一边旅行,一边工作。她认为这很适合自己。

1. 情绪管理的本质

现代人生活工作压力大,随之而来的一些情绪可能影响自己的工作效率、人际关系。

做好情绪管理是实现快乐的第一步。通过总结经验,提炼出一套情绪管理的原则和方法,能做好情绪管理的同时,快速恢复至理性。

当觉察到自己有负面情绪时,要认识到一个人遇到问题这是正常的反应。不要用这些情绪去逃避现实,而是接纳自己有这些反应是正常的,然后才有心情运用理性思维,开始寻找解决方案。用乐观的心态去看待消极的事情,就像同样的半杯水,有人认为"只有半杯水了",而积极乐观的人会认为"还有半杯水"。遇到的问题是一个客观事实,情绪的好与坏,取决于自己看待这个问题的态度。

2. 为什么要先管理情绪再解决问题

遇到问题或困难时,不要急着先解决问题,而是要先管理情绪,再解决问题。负面情绪会让人逃避现实。就像在树林里遇到猛兽时,第一反应就是逃跑。当发现借助类似情绪可以让自己"正当"地逃避问题,并会有他人

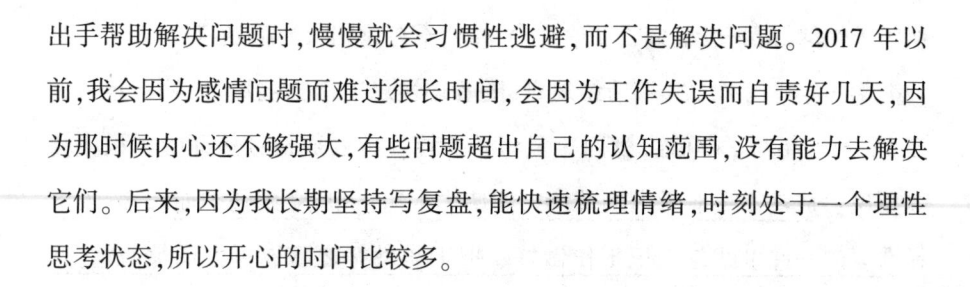

出手帮助解决问题时,慢慢就会习惯性逃避,而不是解决问题。2017年以前,我会因为感情问题而难过很长时间,会因为工作失误而自责好几天,因为那时候内心还不够强大,有些问题超出自己的认知范围,没有能力去解决它们。后来,因为我长期坚持写复盘,能快速梳理情绪,时刻处于一个理性思考状态,所以开心的时间比较多。

3. 做好情绪管理的方法

那么,如何做好情绪管理,让自己始终保持理性状态呢?有三大武器和一个原则。

如果在几秒、几分钟或一小时内能通过大脑的思考,也就是在大脑中做情绪复盘完成情绪的负转正,那么后面也就不用做什么了。但是,如果持续半天、一天甚至是几天不开心,就要注意了。下面总结了三大武器,确保烦恼不过夜。

第一件武器:情绪复盘。

情绪复盘,指的是将某件事让自己感受到的情绪写下来,并理性梳理事情的始末,提炼出具体的行动方案,以此来实现负转正。

一些人认为,可以采用追剧、刷视频等方式来转移注意力。时间久了,情绪就逐渐淡去了。但问题是,不同的人其反应程度不同,即便选择了忽视,也不代表情绪就不存在了。不如用文字把情绪用文字记录下来。

打个简单的比方,<u>当你开车的时候,看到红灯你会下意识地踩刹车;当你把相关情绪转化为文字的时候,你的大脑会亮起红灯,会下意识地对情绪踩刹车</u>。

不少人通过坚持情绪复盘,都学会了管理自己的情绪。有人反馈说:"学会情绪复盘后,情绪有了宣泄的地方。当时写下来之后就会好很多,过几天再看已经不是什么事了,一笑了之。情绪复盘就像一个树洞。复盘完,

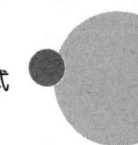

走进厨房给自己煮个面或者做个汤,美美吃一顿,啥事都没有了。学会了控制情绪,生活更自由自在。"

及时地写下情绪复盘,随着写的次数增多,类似情绪会越来越少,到后期甚至不写也能让你的思维从感性变为理性,提升你的复原力。还能改变你的思维方式,从被干扰到学会独立,成为一个情绪稳定的人。

那么该如何写情绪复盘呢?

情绪复盘模板结构是:感受+总结+反思+行动。

"感受"部分,是写我的观点和情绪。在记录情绪的时候,还可以给情绪打标签。标签越具体,效果越好。把情绪变成文字,实际是"有能力掌控情绪"的体现。

"总结"部分,主要是陈述事实。站在第三方视角去回顾当时的场景,对方说了什么做了什么,我说了什么做了什么。涉及情绪或观点性的内容就要放到前面的感受部分。

"反思"部分,从多个角度分析,我哪里做得好,为什么?哪里做得不好,为什么?从多个角度分析问题,是为了避免出现思考盲区,而判断错误。

"行动"部分,是指制订拥有具体时间和动作的行动计划。一部分是马上可执行的动作,一部分是以后经常要注意的,这种动作就可以直接提炼成原则和方法。

举一个情绪复盘的真实案例。

2022年11月25日情绪复盘

主题:对别人提出的建议,我要建立边界

感受:

(1)紧张,同事来找我,又是以提问开头。

(2)有点没主意,这个热点相关的文章怎么搞,我还没有头绪。

(3)她说的话表面是问句,实际上包含情绪:重要的事还需要提醒?

(4)又来了一个活儿。

(5)每次有这种指示性的文章,我都有压力。

(6)这个活儿能否完成,完成的效果如何,搞不出来怎么办?

(7)这种直接给选题,让写文章的事情,让我不自在,不好弄。

总结:

同事跑来问我,最近有没有准备热点相关主题的文章。我说没有,她说很多人都在关注。这个问题既是重点又是热点,并在群里发给我好几个截图,表示应该尽快安排相关的内容。大家在小组内讨论了这个文章的可行性,组员们找了各种指数观察热度,还有各种已发表的文章数据进行讨论,最后没有得出特别好的结论。我把这个结果告诉了领导,他还没有回复。

反思:

(1)我哪里做得好?为什么?

在平复心情后,接受了领导的安排,去执行这个选题讨论。因为这是我的工作,我需要完成领导交代的任务。

(2)我哪里做得不好?为什么?

工作就是工作,当我把情绪带入工作,一方面影响工作效率和成果,另一方面也会让领导、同事对我的成熟度产生怀疑,或者说对我的个人能力打个问号。如果我足够有信心,就可以说出1、2、3个理由来说服领导不做这个选题,或者按自己的思路去做。

(3)领导哪里做得好?为什么?

为项目着想,为公司利益着想。这是其工作职责,向下属提建议和要求是正常的。

(4)建议哪里不好?为什么?

不懂公众号运营,对历史数据不了解,不应该把建议当命令。

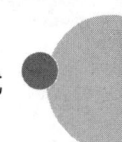

> 行动：
> (1)明天之前,把这个热点选题的可操作性分析提交,建议不做这个选题；如果被驳回,则与团队一起讨论做一期内容出来,要求领导审核。
> (2)定下一个原则：在工作中,只接活不接情绪。

每次写情绪复盘时,要新建一个文档,写完之后,再也不要打开它。写完情绪复盘,如果感觉到情绪得到了梳理,既不想回看复盘内容,又不希望别人看到这份情绪复盘,那写完之后就可以直接删除。因为,写情绪复盘的过程已经梳理了情绪,得到了缓解,作用达到就可以删除。

如果希望这些情绪复盘可以作为成长的见证,或者作为写作的素材,就可以保留在文档中。但是一定要记住,写新的情绪复盘时,不要打开旧的文档。

第二件武器：运动。

运动能分泌多巴胺让人快乐,能保持身体健康,能提升精力状态,有利于专注。通过运动,能缓解自己的不开心,一场大汗淋漓的跑步或健身之后,整个人都轻松愉悦了。首先,要选择自己喜欢的运动方式,比如跑步、游泳、羽毛球等；其次,要选择马上能执行的运动方式,走上阳台的跑步机就比跑去游泳馆容易；最后,要降低进入运动状态的难度,先进行10分钟的快走,能更好地将自己带入跑步的状态。

第三件武器：睡觉。

在不开心的时候,马上睡一觉,很多情绪就自然消散了。当然,如果一觉醒来感觉还不满意,就要去写情绪复盘或运动,保证消除情绪,回归平静。

另外,看电影、整理、吃美食等方法也可以缓解情绪。不过,通过这些年咨询的经验来看,最有效的还是情绪复盘、运动和睡觉这三大武器。

一个核心原则:凡事订立原则。

这三大武器是具体问题层面的解决方案。如果再往高一层去思考,做好情绪管理需要有一个核心原则:凡事订立原则。

通过具体问题层面的情绪复盘,分析并解决后,要提炼出原则。比如,我的一个最大原则就是"烦恼不过夜",现在的我不会把烦恼遗留到第二天,而是在当天就能调整好自己的情绪;比如,在职场上容易疲惫,我提炼的应对原则是"把工作当成一种谋生手段,只接活,不接情绪"。

02

总结经验：理性思考的三种复盘模型

一个人真正的成长，来自日复一日的复盘。

——稻盛和夫

2014—2015年，我一共写了683篇复盘。这些复盘，除了一小部分是在加班的夜晚对人生总结反思过程中完成的，大部分都是在下班回家的地铁上完成的。

那时，下班换乘地铁后，只有30分钟就要出站再次换乘。你一定会想，在地铁上的二三十分钟，用手机怎么能写出详细的复盘呢？

刚开始的时候，写到一半多就要出站，我会在等公交或坐公交时接着写；后来思考速度变快了，手机上打字速度也加快了，只需15分钟左右就能快速写完当天的复盘。

<u>复盘，是获得新生的手段。</u>正是这两年的复盘，让我从感性变得理性，懂得遇到问题先处理情绪，再分析问题和解决问题。在一次次重复犯错中，

我一次次复盘,最终从这些复盘中提炼出了自己的复盘模型,还总结出两个核心原则:"凡事订立原则""凡事事不过三"。

1. 复盘的本质

著名物理学家戴维·玻姆指出:"通常情况下是我们的思想在控制着我们,而不是我们在控制自己的思想。"当我们开始写复盘时,大脑开始理性思考,这时候就是我们在控制自己的思想。

所谓"下笨功夫",就是用同样的方法做同一件事,期待一个确定的结果。每天坚持写复盘,就是聪明人"下笨功夫",让自己成为解决问题的高手。

所以,多下笨功夫就能成为高手。笨和聪明只有一念之差。同样是期待结果,聪明的人克制,只希望得到一个确定的结果。

坚持写复盘2年左右,遇到普通的事情,哪怕复盘内容不写下来,大脑也能自动按复盘结构进行快速复盘与思考,然后做出具体的行动调整。当然,任何时候遇到复杂的事、新鲜的事、困难的事、重复犯错的事,都需要把复盘过程写下来。比如,我在写书的过程中,也会遇到困难的事,所以每天写完书稿后都会立即完成当天的写书复盘。通过10年来的复盘,我发现:不重复犯错,本质上就是一种高效。

无论是已经坚持写10年复盘的我,还是刚学复盘的人,总会遇到一些事,写了复盘仍然会继续犯错。排除客观上遇到特别难的事情,主观上是因为有些复盘流于形式,没有深入问题本质;也没有提炼原则,明确事情的界限;最关键的是缺少行动计划,没有具体到哪天做什么动作。

复盘的本质,不是为了写出多么精彩的文字,而是通过理性思考来总结经验教训,改变自己的行动。换句话说,复盘的关键在于行动、行动、行动。

复盘是高手的必备技能,也是每个人加速成长的关键方法。结合自己写了10年复盘的经验,以及新人写复盘的过程,总结出一套适合个人成长的

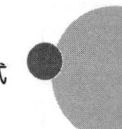

复盘方法,让个人的成长之路变得更轻松。

什么是复盘?就是<u>一个人回顾过去的经历,并按一定的模型进行逻辑思考,提升个人经验值和行动力的学习方式</u>。狭义上的复盘,仅限自己过去亲身经历的事。广义上的复盘,还包括别人做的事,通过做案例拆解和分析,总结出自己需要的经验。

在这个定义中,有三个重点。

<u>首先,针对过去的经历</u>。主要是现实生活中,自己亲历的事情和亲眼观察到的事。

<u>其次,要用模型做分析</u>。复盘需要结构,不然就只是走过场;同时复盘需要写下来,因为写复盘之初,思维模式与之前相差不大,仅靠大脑中的复盘推演,得到的结果并不可靠。写了几年复盘后,将复盘结构内化成思维习惯,一般问题就可以不用写。

<u>最后,提升个人经验值和行动力</u>。复盘是学习和思考的一种方式。虽然复盘的过程能锻炼细节观察、理性分析、总结提炼等逻辑思维能力,但是重点不在复盘本身,而是提炼原则,并用原则优化行动。

2. 为什么要通过复盘来总结经验教训

"吃一堑,长一智"的道理大家都懂,但实际生活中,可能吃了很多"堑",仍然不长一"智"。表面上看,可能是因为没有社会经验、性格内向、情绪化决策等,但根本原因是:没有复盘。通过复盘整个事件,让自己从中吸取教训、提炼原则,才能真正做到"吃一堑,长一智"。复盘,能做到借事修人。

一是做到自我监督。

也可以理解为自我觉察,通过每天的数据记录和文字记录,进行综合分析,对比目标、发现差距,并在每日、每周、每月、每年的复盘中,列出新的行动计划,监督自己养成好习惯,形成真正的自律。自我监督的过程,就是敢

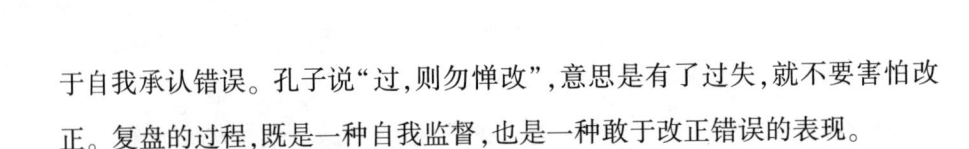

于自我承认错误。孔子说"过,则勿惮改",意思是有了过失,就不要害怕改正。复盘的过程,既是一种自我监督,也是一种敢于改正错误的表现。

二是提炼原则和方法。

单纯写写日记,或记录某件事,只能宣泄一下情绪,很难找到事情的本质原因并从根本上解决它。但是,使用有逻辑结构的复盘模型,不仅有助于理性思考、深度思考和本质思考,还能帮助提炼出属于自己的原则,快速形成个人的原则和价值观体系。

三是改变思维和性格,拥有快速作决策的能力。

通过每天坚持写各种各样的复盘,以"复盘"的形式反复刻意练习说理类的写作能力,帮助自己学会写作这一底层技能。看似是写一些生活杂事,但是练就的逻辑思考和写作能力能迁移到工作中,改变自己思考问题的方式和角度,高效地解决问题。所以,坚持写复盘,能改变一个人的思维方式,进而改变性格。一次两次复盘是没有感觉的,甚至写了几个月都不一定有大的收获。我是写了两年左右的复盘后,才感受到了自己的改变。假如一个复盘提炼一个原则或方法,就能让大脑变得更加聪明灵活,在遇到新的问题时,能快速思考与分析,高效决策。

3. 总结经验,提高效率的模型

那么,如何学会总结经验,来提高自己解决问题的效率呢?根据过去十年写复盘和新人写复盘的经验,总结了保持理性思考的三种复盘模型:黄金思维圈模型、收获模型、5why 模型。

第一种,黄金思维圈模型。

黄金思维圈是三个复盘模型中最重要的一个,也是本书的第二个高手公式:是什么+为什么+怎么做,如图 3-1 所示。

可以说,黄金思维圈是一个万能模型,它本身就是一个底层的模型,应

第三章 深度思考：10倍速解决问题的思维方式

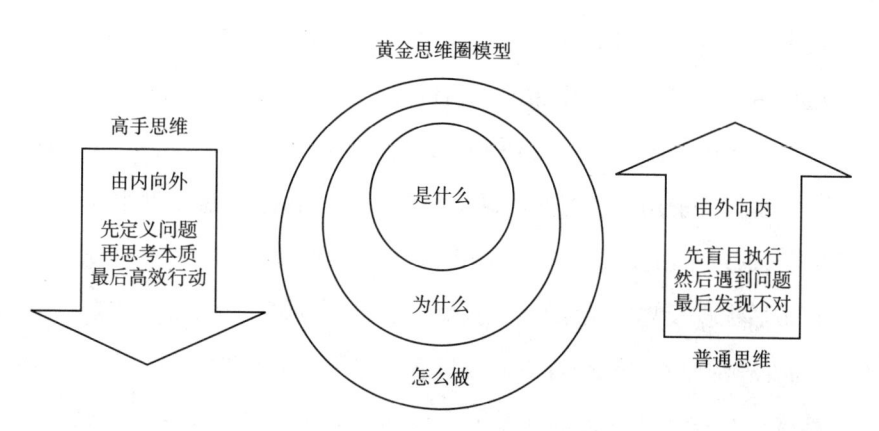

```
            黄金思维圈模型

高手思维                              由外向内
由内向外         是什么
先定义问题                          先盲目执行
再思考本质       为什么              然后遇到问题
最后高效行动                        最后发现不对
                怎么做
                                    普通思维
```

图3-1　高手公式2：黄金思维圈模型

用范围非常广，可以用于复盘、表达、演讲、写作、汇报等多种场景。下面，基于黄金思维圈提供两个常用的复盘模板。

第一个模板：总结+反思+行动。

这个复盘模型在本章前面有过详细介绍，一般用于对某个事件进行深度思考。没有负面情绪的事件，都可以采用这个复盘模型，相当于把情绪复盘模型中的"感受"部分去掉。模型中的"总结"部分相当于"是什么"，是陈述一件事的经过；"反思"部分相当于"为什么"，是分析做得好与不好的原因；"行动"部分相当于"怎么做"，是制订具体可行的行动计划。

一般情况下，每周至少根据两三个事件写下复盘。根据自己的成长经验，复盘写得越多，成长越快。日常生活工作很单一，写来写去就那几件事，经常没有什么事可以进行深度思考，或者总是找不到要反思的话题，干脆就不想写复盘了。

复盘内容到底写什么？第一，复盘思考的事件可大可小，大到国家大事，比如某个热点事件对社会的影响；小到生活细节，比如今天打碎了一个玻璃杯。第二，正是因为有人提出这个困扰，我专门写了《江武墨·成长日课》，根据100多位年度会员日常复盘中高频次提到的主题、不足、困惑，提炼出200多个主题，每周一个大主题，每天一个小主题，并写出自己的理解，

081

作为大家写复盘的参考。如果当天实在没有可以用来复盘的事件,可以参考"江武墨"公众号上每天发布的"每日反思"。

第二个模板:核心观点+总结123+反思123+行动123+总结升华。

这个模板一般用于学习某个课程后的复盘。这个复盘模型主要强调思维的成长,通过学习发现哪些事实(即总结),对这些事实进行深度思考(即反思),最后根据反思的结果列出行动计划(即行动)。总结就是认知升级的内容,而反思部分就是全面客观的分析。

具体的参考模板:

> 经过×××课程的学习,我最大的收获是×××(用一个关键词或关键句来作为核心观点,放在最开头)。具体的总结、反思和行动如下:
>
> 首先,总结如下:
>
> 总结1是×××(事实1+总结小升华);
>
> 总结2是×××(事实2+总结小升华);
>
> 总结3是×××(事实3+总结小升华)。
>
> 其次,我的反思如下(反思部分的结构采用的是解决问题模型,现象—原因—方法;好的就是强化,坏的就是改进):
>
> 反思1是×××(现象1+原因分析+强化/改进方向);
>
> 反思2是×××(现象2+原因分析+强化/改进方向);
>
> 反思3是×××(现象3+原因分析+强化/改进方向)。
>
> 最后,针对自己的总结与反思,列出了学习结束之后的三个行动计划:
>
> 行动1是×××(具体时间+具体行动动作);
>
> 行动2是×××(具体时间+具体行动动作);
>
> 行动3是×××(具体时间+具体行动动作)。
>
> 回顾这段时间的学习,我最大的收获是×××(这部分可以进行一个大总结、大升华)。

第三章 深度思考:10倍速解决问题的思维方式

第二种,收获模型。

复盘的第二个模型是收获模型:收获+不足+行动。

这个模型主要强调经过一段时间的学习或工作之后,有什么样的认知改变。它的主要运用场景包括学习后的收获、工作后的收获、参与某个项目的收获、经历某件事的收获。

收获模型背后的底层逻辑是SWOT分析,通过学习或工作后,发现自己有哪些优势(即收获)、有哪些劣势(即不足)、有哪些机会和威胁(即行动)。收获就是认知升级的内容,同时将收获、不足进行复盘,就做到了全面客观的分析。分析完优势与劣势之后,根据自己的机会及可能遇到的威胁列出具体的行动方案。这样就可以最大化成功概率,减少威胁的影响。

收获模型的具体运用模板是:核心观点+收获123+不足123+行动123+总结升华。

具体的参考模板如下:

> 经过×××的学习/工作,我最大的收获是×××(用一个关键词或关键句来作为核心观点,放在最开头)。具体的收获、不足和行动如下:
>
> 首先,我有三个收获:
>
> 收获1是×××(观点1+故事案例1+总结小升华);
>
> 收获2是×××(观点2+故事案例2+总结小升华);
>
> 收获3是×××(观点3+故事案例3+总结小升华)。
>
> 其次,我发现三个不足:
>
> 不足1是×××(观点1+故事案例1+改进方向);
>
> 不足2是×××(观点2+故事案例2+改进方向);
>
> 不足3是×××(观点3+故事案例3+改进方向)。
>
> 最后,针对自己的收获与不足,列出了学习/工作结束之后的三个行动计划:

083

> 行动1是×××(具体时间+具体行动动作);
>
> 行动2是×××(具体时间+具体行动动作);
>
> 行动3是×××(具体时间+具体行动动作)。
>
> 回顾这段时间的学习/工作,我最大的收获是×××(这部分可以进行一个大总结、大升华)。

第三种,5why模型。

这个模型是一种纵向提问法,针对同一件事,多问"为什么"。这是一种探究问题本质的方法,也是一种思考工具。对一件事进行纵向提问,可以增加对事件的思考深度,也就是"本质思考"。使用这个模型写复盘有一定难度,新手往往提一两个为什么,就进行不下去了,需要平时多加练习。

这个方法最早是由丰田公司的大野耐一提出的。

> 在一次新闻发布会上,记者问大野耐一:"丰田汽车的质量为什么会这么好?"他说:"我碰到问题,至少要问五个为什么。"
>
> 据说,一次大野耐一到生产线上视察,发现机器停转了。
>
> 于是,他问了一个问题:"为什么机器停了?"
>
> 员工答:"因为超过了负荷,保险丝断了。"
>
> 他接着又问了第二个问题:"为什么会超负荷?"
>
> 员工答:"因为轴承的润滑不够。"
>
> 第三个问题:"为什么润滑不够?"
>
> 员工答:"因为润滑泵吸不上油来。"
>
> 第四个问题:"为什么吸不上油来?"
>
> 员工答:"因为油泵轴磨损、松动了。"
>
> 第五个问题:"为什么磨损了呢?"
>
> 员工答:"因为没有安装过滤器,混进了铁屑等杂质。"

第三章 深度思考:10倍速解决问题的思维方式

5why 模型,就是从问题出发,通过追问五个"为什么"的方式,找到问题出现的本质原因。

举一个贴近生活的例子,比如,思考自己工作效率低的原因,可以这样向自己提问:

> 第一个问题:为什么我的工作效率低?
> 回答:因为我总被紧急的事情打断手头的重要工作。
> 第二个问题:为什么我总被紧急的事情打断?
> 回答:因为我不懂得拒绝。
> 第三个问题:为什么我不懂得拒绝?
> 回答:因为我没有自己的原则和边界。
> 第四个问题:为什么我没有自己的原则和边界?
> 回答:因为我平时没有总结思考的习惯。
> 第五个问题:为什么我没有总结思考的习惯?
> 回答:因为动脑思考太累了。

通过这样追问五个"为什么",可以找到工作效率低的根本原因是不愿意动脑思考。那么,沿着分析路径从动脑思考开始改进就好。用好 5why 法则需要注意提出正确的问题,一直问客观原因,而不是主观借口,这样才能更好地发现问题的本质,通过本质思考找到问题的解决方案,做到真正的"看见即消融"。

再举一个工作中的例子。

> 比如,你的下属在项目执行过程中遇到一个问题,客户因为他没有在事先约定的时间提交项目汇报,所以拒绝全额支付项目款项。他一直都解决不了这个问题,然后跑来问你怎么办。现在,你采用 5why 法则,连续问五个"为什么"来引导他思考问题的本质。

> 第一个问题：为什么你没有按约定的时间提交项目汇报？
>
> 下属回答：因为我忘记提交的截止日期了。
>
> 第二个问题：为什么你会忘记提交的截止日期？
>
> 下属回答：因为我没有放进日程安排表。
>
> 第三个问题：为什么你没有放进日程安排表？
>
> 下属回答：因为我觉得项目汇报是不重要、不紧急的事。
>
> 第四个问题：为什么你会觉得项目汇报不重要、不紧急？
>
> 下属回答：因为我觉得项目做完就结束了。
>
> 第五个问题：为什么你没做项目汇报就认为项目结束了？
>
> 下属回答：因为我对公司项目执行流程的规定没记清楚。
>
> 所以，问题的根源在下属没有记清楚公司项目执行流程。

对于复盘，我有一句口头禅："<u>发现不足，立即复盘，马上行动</u>。"希望你也能记住这句话，把它落实到实际行动中。

03

五个视角：着眼全局，拓展思考宽度

人的知识愈广，人的本身也愈臻完善。

——高尔基

紫衣按"五个视角"的方法训练完之后，在复盘中写下了下面的收获：

> 对心理学从畏难到喜欢，哲学教会了我宽容，在历史学中获得了满足感，社会学让我选择快乐，又在法学中感受到了严谨。
>
> 一开始学习心理学的时候，我确实感受到它很难，很多专业的词语听起来有些难以理解，由此我产生过一段时间的畏难情绪，偶尔我还会反思学这些对我有什么用。每天走马观花地听书，看书有时候又看不懂，却还是要硬着头皮看完，像完成任务一样。自从写完心理学复盘后，我才发现不知不觉心理学已经影响了我很多。我开始喜欢用心理学的思维方式去思考问题，也渐渐由感性变得理性。

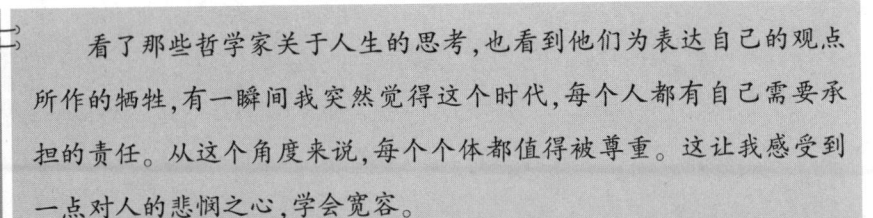

看了那些哲学家关于人生的思考,也看到他们为表达自己的观点所作的牺牲,有一瞬间我突然觉得这个时代,每个人都有自己需要承担的责任。从这个角度来说,每个个体都值得被尊重。这让我感受到一点对人的悲悯之心,学会宽容。

有天中午吃饭的时候,我对老公说:"我终于听完了历史学的内容了,感觉如释重负,却也觉得满心欢喜。"刚开始不喜欢听历史,差点想跳过它,后来按老师的要求,听话照做,听完一段时间后,我还会忍不住倒回去听,因为实在太有意思了。那种感觉就像有人领着我走丝绸之路,一边感受风土人情,一边感受东西方的交流。

社会学让我明白,要过得开心快乐完全取决于自我的选择。人的社会属性要求我们不能局限在自己的小世界里。从中感知到的是,一段和谐融洽的关系能带给人平静与快乐。

以前总觉得法律高深又遥远,还对律师抱有某种偏见,也许是受电视里那些精英律师的影响,一想到一件事需要通过打官司解决,心里就会不自觉感到害怕。学习法学相关知识以后,我对这个行业有了一些初步的概念,也感受到法律人在面对规则、事实、真相时所表现的严谨。这也让我明白这种严谨的态度是在维持社会秩序。

通过五大学科的学习,有三个大的收获:第一是学会心理学带来的成长型思维、历史学带来的深度思考、法学带来的规则思维、社会学带来的网络思维等多种思维方式,开阔了自己的眼界;第二是学会接纳自己,做到深度认知自我,哲学带着我重新认识了自己的身体、找到存在的意义,心理学带着我重新认识、接纳、改变自己;第三是改善了我的亲密关系、亲子关系、职场关系等,让生活变得更平和。

伏尔泰说:"书读得越多而不假思索,你就会觉得你知道得很多;但当你读书而思考越多的时候,你就会清楚地看到,你知道得很少。"紫衣开始学习

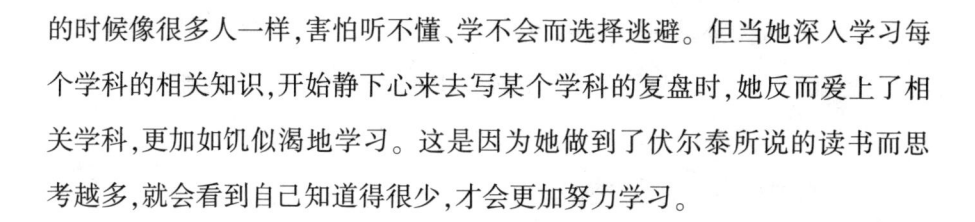

的时候像很多人一样,害怕听不懂、学不会而选择逃避。但当她深入学习每个学科的相关知识,开始静下心来去写某个学科的复盘时,她反而爱上了相关学科,更加如饥似渴地学习。这是因为她做到了伏尔泰所说的读书而思考越多,就会看到自己知道得很少,才会更加努力学习。

1. 五个视角的本质

一个人所学知识并不是越多越好,而在于学习知识后要深度思考,把知识运用到实际行动中。

学习五大学科的本质,不是要拿到五个专业的学士学位,而是通过了解各学科的基础知识并加以复盘,拥有五种基础的思考视角,形成多角度思考问题的能力。

所以,五大学科就像一座大厦的五根核心支柱,能保证大厦不倒。在搭建基础知识体系框架的过程中,总结了"五个视角"的方法,能在几个月内快速拥有多角度思考问题的能力。

什么是"五个视角"？就是以心理学、哲学、历史学、社会学和法学作为思考问题的五个基础视角,拓展大脑的思考宽度。选择这五大学科作为基础学科,大多来源于我的学习和工作经历,是我在提炼自己"学会如何学习"的过程中总结出来的。

首先,源于我的学习经历。我在高中读的是文科,所学的政治、历史打下了一个好基础;本科修的是社会学专业,学位证是法学学士,在社会学、法学方面有较多接触;研究生学的是武术专业,学位证是教育学硕士,在心理学、哲学、逻辑学等方面有过深入了解。

其次,源于我的工作经历。我做过销售、写过文案、干过数据分析,后转型做新媒体运营、中小企业咨询和培训,直到现在做个人品牌咨询。这些工作经历告诉我,学习销售知识也好,研究培训技巧也好,都离不开这几个基础学科。

后来,在查阅资料的过程中,发现查理·芒格提出过"跨学科心智模型""多元思维模型"。他认为学习多学科知识是一个人的认知基础,是一个人认识世界的基本态度,是防止掉进沟里的网。

五大基础学科分别是心理学、哲学、历史学、社会学、法学。每个学科都对应一个关键词:心理学对应的是"认知",认知自己、认知他人、认知整个世界,从而做到接纳自己、接纳他人、接纳整个世界;哲学对应的是"思辨",矛盾的两个观点可以同时存在于大脑中;历史学对应的是"高度",就像站在月球上看地球古今中外几千年大大小小的历史事件,都是经验和教训;社会学对应的是"本质",透过纷繁复杂的社会现象看见问题的本质,并找到好的解决方案;法学对应的是"规则",一个国家靠宪法以及各式各样的法律法规来治理,而一个人做人做事也要有自己的原则、规则或界线。

2. 为什么要增加五个视角着眼全局、拓展思考宽度

一是快速了解多个学科的知识体系。

按学科听书、听课、看书,集中在几个月内,能初步了解五大学科的知识体系,快速形成个人基础知识体系的五大支柱,拥有学习和思考的基本盘。

二是学会多角度思考问题。

学习五大基础学科,相当于多了五个思考问题的角度。在遇到一个问题时,既能从单个学科角度思考解决方案,又能突破单个学科边界,把多个学科进行融会贯通,从多角度思考解决方案。

下面,以"夫妻争执"为例,进行多角度思考。

> 第一,从心理学角度思考,丈夫和妻子受各自知识体系和认知的影响,对于争执有不同的认知。丈夫认为吵架是没有意义的争执;妻子则认为争执是为了解决当下的矛盾或问题,不至于在以后出现更深的矛盾。

第三章 深度思考：10倍速解决问题的思维方式

> 第二，从哲学角度思考，丈夫和妻子对"争执"的理解不同，丈夫认为需要就事论事；妻子认为表达情绪是让对方尊重自己、重视自己。
>
> 第三，从历史学角度思考，这次的争执是这对夫妻的第一次吗？如果是第一次争执，则要找到导火索，分析争吵的内容以及影响；如果是经常性的争执，那么就很容易知道为什么而争执，两人很快就能握手言和，问题并不严重。
>
> 第四，从社会学角度思考，人与人之间产生冲突和矛盾是正常的。夫妻之间有时发生争执有利于改善关系，而从不吵架的夫妻比较少。
>
> 第五，从法学角度思考，在相处过程中需要确立沟通方法和原则。比如，一旦双方出现冲突和矛盾，可以坐下来理性分析和讨论。

试想一下，你只是学习了五大基础学科，面对同一个问题就至少有五个思考角度。当你在生活工作中遇到具体问题时，自然就能轻松应对。

三是构建"多元思维模型"。

五大学科构建起来的基础知识体系，是由点到线、由线到面，再由面到体的过程。各个学科及其知识点，相互联系、相互交叉，形成一个庞大的知识网络。五大学科之间互为工具，互为解决方案，互为思考角度。可以帮助自己建立起强大的"多元思维模型"，形成大脑思考的知识源泉。

"多元思维"的本质，是一个人认识世界的基本态度。它是主观世界和客观世界之间的黏合剂。就像查理·芒格经常引用的那句谚语所说的，"手里拿铁锤的人看来，每个问题都是钉子"。

所以查理·芒格说，最重要的事情是要牢牢记住一系列原理。复利原理、排列组合原理、决策树理论、误判心理学等100多种模型，它们加在一起往往能够带来特别大的力量。这是两种、三种或四种力量共同作用于同一个方向，而你得到的通常不仅仅是几种力量之和。

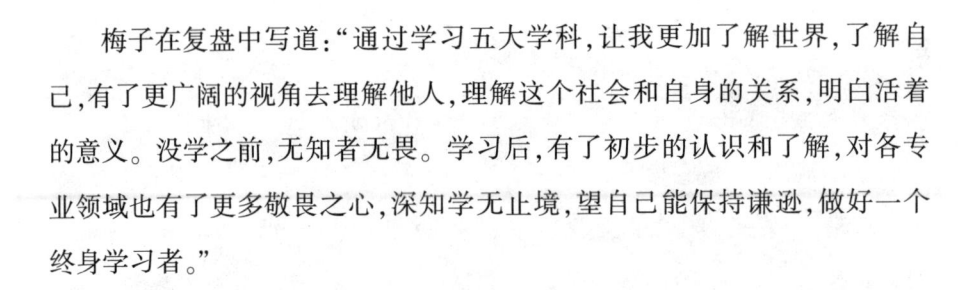

梅子在复盘中写道："通过学习五大学科,让我更加了解世界,了解自己,有了更广阔的视角去理解他人,理解这个社会和自身的关系,明白活着的意义。没学之前,无知者无畏。学习后,有了初步的认识和了解,对各专业领域也有了更多敬畏之心,深知学无止境,望自己能保持谦逊,做好一个终身学习者。"

3. 快速学习五大学科的方法

那么,如何快速学习五大学科,让自己拥有全局思维?有三个训练步骤。

第一,按顺序学习五大学科相关知识。

第一步建议按心理学、哲学、历史学、社会学和法学的顺序进行学习。为什么要按这个顺序学?一部分人会说自己对哲学和历史完全不感兴趣,听不懂也看不明白。刚开始听哲学,就像在听天书一样,完全不知道对方在说什么,对于哲学中的人名、学派、观点都傻傻分不清;而学习历史学时,也会比较生疏,对于历史中提到的地名、人名、事件、脉络等都处于混沌状态。听不懂,看不明白是正常的,那正是自己基础薄弱的地方,保持多听、多看,慢慢就能找到感觉了。如果说已经听了100多本书仍然听不懂,那一定是听得还不够多。

虽然哲学是知识的源头,但心理学是每个人都容易感兴趣的学科,所以把心理学作为第一个学科大家更容易进入状态。之后就来到了知识和思维源头的哲学,当拥有基本的思辨能力之后,再去学习历史学,就不会有听不懂、慌张的感觉。

心理学、哲学、历史学这三个学科稍微搞明白一些后,能建立更全面的世界观体系,这时候再听社会学,能深入浅出地透过各种社会现象看本质,建立更全面的人生观体系。了解完社会现象,就要聚焦个人,包括自己、自己和他人的关系、自己和社会的关系。最后学习法学,能把前面四个学科中的知识结合起来,帮助自己梳理出更多规则,建立更全面的价值观体系。

第三章 深度思考:10倍速解决问题的思维方式

在这个过程中,不是以听非常多的书、看很多书为目的。而是通过一定数量的听书、听课和看书,在几个月内完成五大学科的学习。一般来说,3~6个月就能完成。每个学科听200本与该学科相关的书、听1~2个与该学科相关的课程,再配合1~2本通俗解读该学科的好书,就可以进入下一步,写各学科复盘。

第二,写各学科学习复盘。

每学习完一个学科要及时写学习复盘,不然等全部学习完五个学科,容易忘记前面的知识,而且五个学科的学习复盘一起写,压力会比较大。各学科的学习复盘有一个模板,这个模板就是按"漏斗模型"进行设计的。比如,每个学科收集50个知识点,从中总结10个收获,再从这10个收获中提炼出3个新认知。这样既可以学到各学科的知识点,又能提高你的提炼能力。

各学科学习复盘模型:知识点+收获+新认知,如图3-2所示。

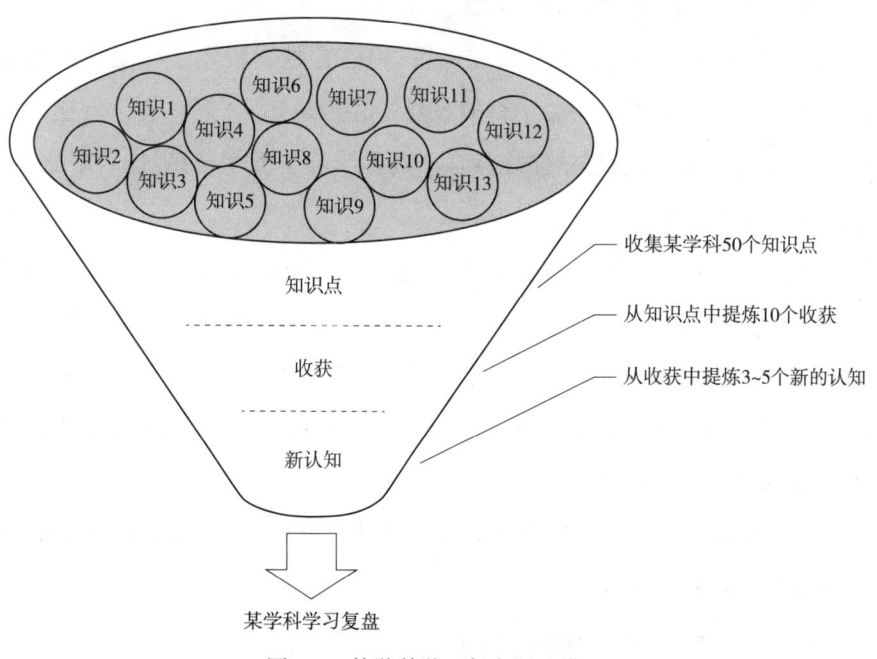

图3-2 某学科学习复盘漏斗模型

第一部分，收集知识点。每一个学科根据听书、听课和看书的内容，积累 50 个你认为好的、新的、有用的知识点。不建议直接大段文字复制，而是找到知识的关键点，用自己精简的语言描述，或者只保留最经典的定义或故事梗概。

第二部分，结合知识点谈谈自己的收获。根据收集到的知识点总结提炼出自己学习这个学科的收获，撰写收获时，要以知识点为依据，结合自己在生活工作中遇到的案例进行撰写，让收获有观点、有依据，并且能切实感受到成长点。

第三部分，写出以前不认同、不知道的 3~5 个新认知。根据每个学科的 10 个收获点，站在更高维度、更宽广度、更深角度，结合个人实际经历和思维变化，写下以前不认同、不知道的三个新认知。这些新认知就是改变自己思维和行为的有力武器。

第三，对五大学科进行综合复盘。

每个学科的学习复盘分别写完之后，相信有些收获你已经记不太清楚了。所以，需要你回顾每一个学科的收获点和新认知，再把它们进行整合提炼，写一个综合复盘，这样就能确保自己真正学会了五个视角，能着眼全局，真正做到拓展思考宽度。

希言在写完五大学科学习复盘后，还写了一个综合复盘。她说："通过学习五大学科，让一年的学习带来五年的成长。刚开始我是质疑这个方法的，但现在真实的改变发生在我身上，才明白曾经质疑是自己把问题停留在想法上，真实发生的原因是我在行动，行动就会带来改变。拥有多维度思考能力，让我看见不一样的世界。"

下面把自己对每个学科的理解分享出来，方便大家在综合复盘时检查自己的学习效果。

第一个学科，心理学对应的是"认知"。

心理学是研究行为和心理活动的学科，涉及的领域包括知觉、认知、情绪、思维、人格、行为习惯、人际关系、社会关系、人工智能、性格等。一方面，心理学尝试用大脑运作来解释个体基本的行为与心理机能；另一方面，心理学也尝试解释个体心理机能在社会行为与社会动力中的角色。

通过学习心理学相关知识，重点提升自己的认知。拥有心理学基础，能更好地认知自己、认知他人、认知整个世界，从而进一步做到接纳自己、接纳他人、接纳整个世界。

第二个学科，哲学对应的是"思辨"。

哲学是研究人类智慧的一门学科，包括对世界基本概念、普遍问题等方面的探索，比如哲学经常提到的"我是谁？我从哪里来？我要到哪里去"。菲茨杰拉德有一句名言："检验一流智力的标准，就是头脑中能同时存在两个相反的想法，仍能保持正常行事的能力。"学习哲学的过程中，就了解了百家之言，既能认同 A 观点，又能认同与 A 观点相反的 B 观点，同时还能拥有自己独立的 C 观点。

通过学习哲学相关知识，要重点提升自己的思辨能力。拥有哲学基础，能帮助自己形成更好、更全面的世界观，为建立自己独特的人生观和价值观打下基础。

第三个学科，历史学对应的是"高度"。

历史学，也称史学，是以人类历史为研究对象的学科，是人类对自己的历史材料进行筛选和组合的知识形式。有人说："历史学是研究人类社会的发展过程及其规律的学问。"也有人说："历史学是一门反思的科学，是对各种具体历史研究及其内在规律进行探索的科学。"通过古今中外的事件、人物发现人类社会的规律，找到做人做事的方法，一方面培养战略思维，让自己站得高看得远；另一方面做到"用过去预测未来"，运用学习或总结到的规律，指导自己的生活实践、处理复杂的人际关系。

通过学习历史相关知识，重点提升自己看问题的高度。拥有历史学基础，能做出有深度、有高度的思考，在每一个当下，做出对未来有利的明智选择。

第四个学科，社会学对应的是"本质"。

社会学，是从社会哲学中演化出来的，是系统地研究社会行为与人类群体的学科。社会学的目的是通过发展和完善一套有关人类社会结构及其知识体系，去发现并解决社会问题，促进社会的良性发展。我本科专业学习的是社会学，深入了解各种社会现象，探索问题背后的本质，丰富了我的人生阅历。所以，每次遇到某种社会现象，总会习惯性地透过现象看本质。

通过学习社会学相关的知识，要重点提升自己的本质思考能力，拥有社会学的基础，学会透过现象看本质，练就强大的本质思考能力，不再被生活假象所迷惑。

第五个学科，法学对应的是"规则"。

法学，是以法律、法律现象及其规律性为研究内容的学科。法律作为社会的强制性规范，其直接目的在于维持社会秩序，并通过秩序的构建与维护，实现社会公正。正所谓"国有国法，家有家规"，一个国家的秩序需要法律。国家的根本法是宪法，宪法是法律中的法律，它规定和影响着其他法律的产生，包括刑法、民法等。比如，交通出行方面的法律体系由铁路法规、邮政法规、道路交通安全法规等多方面的法律内容组成。

一家公司的运行要靠公司规章制度，而一个人的健康成长和发展也是需要"法律"的。这里的"法律"是指做人做事的规则、流程、原则或方法。通过学习法学相关知识，重点提升自己的规则意识。拥有法学基础，能树立规则意识，确立个人的原则和边界，建立个人的原则库，为思考问题、分析决策提供有效参考。

04

冰山模型：找到共性，增加思想深度

你无法在制造问题的同一思维层次上解决这个问题。

——阿尔伯特·爱因斯坦

先来做一个简单测试，请根据真实情况选择 A 或 B。

> (1) 在购买一款手机时，你会考虑哪些因素？
> A. 品牌、外观和价格
> B. 处理器、电池寿命、操作系统
> (2) 在选择职业方向时，你会考虑哪些因素？
> A. 工资、离家距离、加班情况
> B. 个人兴趣、技能优势、行业发展、市场需求
> (3) 在制订饮食计划时，你会考虑哪些因素？
> A. 口感好、荤素搭配

> B. 食物的营养成分、食物热量
>
> (4) 在投资一个项目时,你会考虑哪些因素?
>
> A. 时间和金钱成本、盈利多少
>
> B. 项目的商业模式、市场前景、团队管理
>
> (5) 在处理人际冲突时,你会考虑哪些因素?
>
> A. 双方的态度
>
> B. 事件的事实
>
> (6) 在面对一个困难时,你会怎么做?
>
> A. 拖延、逃避、放弃
>
> B. 拆解困难,逐一解决
>
> (7) 学习一个新技能时,你会怎么做?
>
> A. 记住知识和方法,反复练习
>
> B. 寻找技能的原理和规律
>
> (8) 在提高时间效率时,你会怎么做?
>
> A. 少刷手机、早睡早起
>
> B. 记录时间,找到效率低的原因

数一数你的选项,如果选 A 的数量超过 4 个,说明你分析和解决问题时还停留在事物的表层,那么你需要认真学习本节内容;如果选 B 的数量超过 4 个,说明已经具备了模型思维以及本质思考能力,那么学习完本节内容,将更进一步。

1. 模型思维的本质

一提到模型,大家就会觉得好难,其实它并没有那么神秘。通过这个小小的测试就能看出,模型思维、本质思考或底层逻辑思考要求从事物的根本属性和原理出发,深入分析问题的本质和关键点,从而做出更明智的决策和

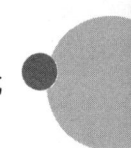

行动。关于如何建立自己的模型,本书第四章有详细解读。

事实上,很多人缺少模型思维。

所谓"模型思维",是运用一个或多个模型去发现问题、分析问题和解决问题的一种思考方法。日常生活和工作中,人们更多是凭感觉做事,没有积累、总结和提炼适合自己的思维模型用于提高做事效率。

刘润老师说:"普通的人改变结果,优秀的人改变原因,而顶级的人改变模型。"不要去做那个推一下走一步、只改变结果的人,要在生活和工作中使用思维模型进行思考,保证自己能做到凡事改变原因,力争能改变模型,做一个优秀的人,甚至成为一个顶级高手。

一个人能否看见某个思维模型,关键要看他的本质思考能力。

而冰山模型的本质,不是分析某个事件的本质那么简单,它是总结、提炼模型的底层方法。换句话说,冰山模型是模型中的"模型",掌握了冰山模型,既能拥有强大的本质思考能力,又相当于拥有一个制造模型的工具。

所以,学会冰山模型是深度思考、建立模型思维的必经之路。在提炼咨询经验,以及培训咨询师的过程中,我总结出简单好用的冰山模型,让你能轻松挖掘事物的本质。

什么是"冰山模型"?

冰山顶部露出水面的部分,是客观事件表面所呈现出来的样子,也是人们主要关注和思考的地方。但是,冰山浮在水面的部分只是整个冰山的很小一部分,而水面以下的冰山才是导致事件发生的原因、趋势、模式、系统或规律,如图3-3所示。

日常所看到的事件并不是孤立存在的,与事件1情况类似的可能还有事件2、事件3等,在分析事件1的时候,需要联系到事件2、事件3,并从中找出导致这些同类事件产生的表层本质是什么。接下来,采用同样的原理和方法,再去探索中层本质、深层本质,最终找到事件的根源、问题的症结

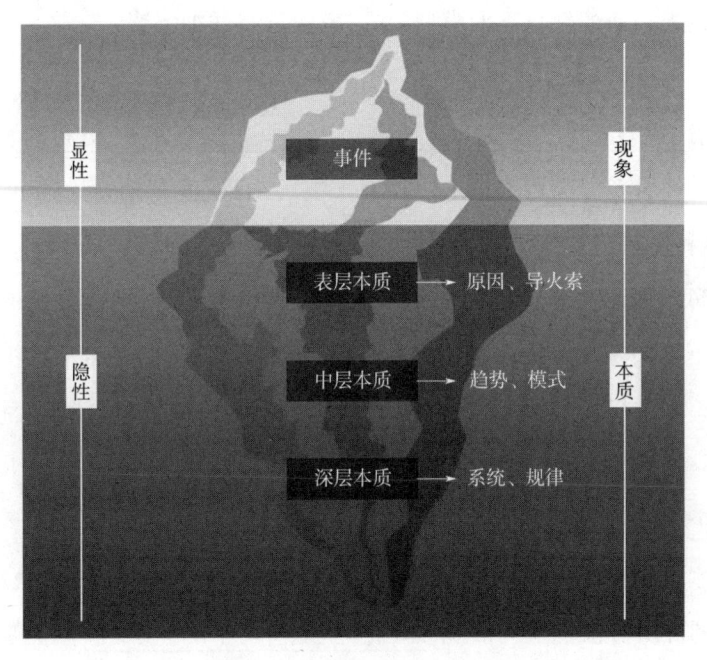

图 3-3 深度思考的冰山模型

所在，才能从源头上解决问题。而解决源问题的方法或原则，就能被提炼为一个模型。

小言发私信求助，说自己不敢按内心想法拒绝别人，想问问原因和解决方案。他求助的具体事件是朋友找他帮忙写一篇文章，他不敢拒绝，最后帮对方写了。我问："还有类似的事件吗？"他补充了几件事，不敢拒绝领导要求的加班（事件2）、不敢拒绝孩子的无理要求（事件3）、妈妈频繁打来电话只能无奈听着（事件4）、自己没钱却还想办法借钱给朋友（事件5）。这些同类事件，很快就能看到水面下的冰山，如图3-4所示。

<u>表层本质是"害怕被拒绝"</u>。认为自己拒绝别人后，别人会不开心，"以后不搭理我、不帮助我""下次我找对方帮忙时对方也拒绝我"等。这个事件里，还有一个"课题分离"的问题，对方找我帮忙时，我拒绝对方是我的事，对方是否接受拒绝是他的事。不要把对方是否接受拒绝，以及被拒绝后的感

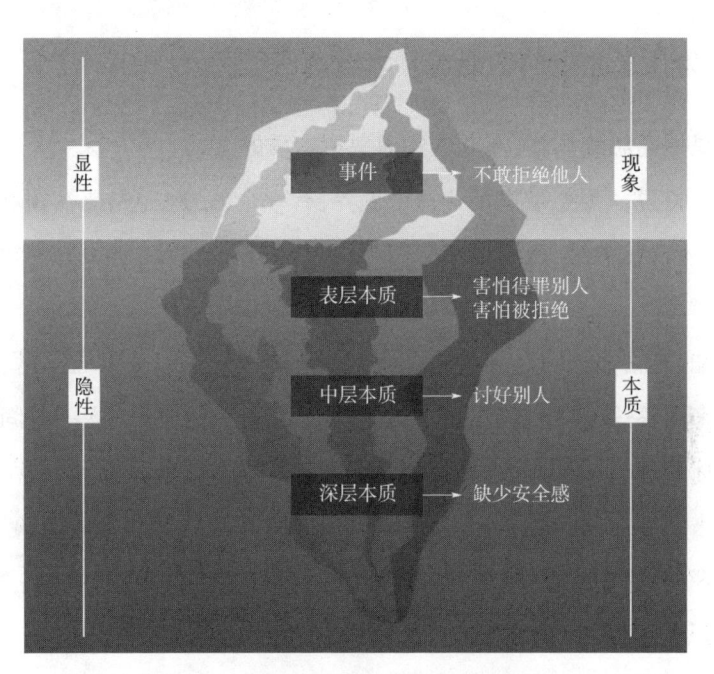

图 3-4 冰山模型分析"不敢拒绝他人"

受移情到自己身上,那样会不敢拒绝对方。而这位害怕被拒绝的人,就是没有做到课题分离。

中层本质是"讨好别人"。害怕被他人拒绝,以及害怕下次对方也拒绝我,是害怕失去这段人际关系,所以采用讨好对方的方式来解决这个问题。

深层本质是"缺少安全感"。可能源于过去人际关系中所带来的一些伤害,比如"你不帮我,我以后就不理你了""这点小忙都不帮,你还算是朋友吗",这些场景让自己形成了对他人的依赖,缺少安全感。

所以,解决这个问题的方法,就是从深层本质"缺少安全感"着手。底层的方法是重新梳理自己的人际关系,对不良的人际关系进行断舍离,只保留和建立那些能给自己带来安全感的关系,同时也要保持思维的独立性。具体的方法则是当你认为需要拒绝时就果断拒绝,那些因为你拒绝他而离开你的人,不是良性关系,丢掉也没事。

2. 为什么冰山模型能提升本质思考能力

一是提高思维洞察，形成透过现象看本质的能力。

巴菲特说："要想彻底了解这个世界，有一个好办法：先把本领域的事情研究透，挖出其中的'底层逻辑'。只要你能做到这一步，就很容易搞定其他领域的事。"

比如，有很多人问时间管理、目标管理和精力管理方面的问题，我通过一句话来回答，也是我总结的时间管理公式（效率管理公式）："时间管理来源于目标管理，目标管理来源于精力管理，精力管理来源于健康管理，而健康管理来源于习惯。其中，健康管理包括情绪健康管理和身体健康管理，而情绪管理的解决方法就是情绪复盘+运动+睡觉。"这就是我对时间、精力、目标、情绪和健康等多个因素的洞察，看见了时间管理的本质。

无论在哪个行业或领域，只要挖掘出这个行业的底层逻辑，就能轻松洞察其他行业或领域。虽然知识、技能在不同的行业或领域有所不同，但是，事物的规律和本质是不分行业和领域的。

二是提升思维独立性。

哪怕别人说你是错的，你都要做到自信，拒绝别人的干扰。

比如，小泽征尔有一次去欧洲参加指挥家大赛，在进行前三名决赛时，评委交给他一个乐谱。演奏中，小泽征尔突然发现乐曲中出现了不和谐的地方，以为是演奏家演奏错了，就指挥乐队停下来重奏一次，结果仍觉得不自然。这时，在场的权威人士都郑重声明乐谱没有问题，而是他的错觉。面对几百名国际音乐权威，他不免对自己的判断产生了动摇。但是，他考虑再三，坚信自己的判断没错，于是大吼一声："不，一定是乐谱错了！"他的喊声一落，评委们立即向他报以热烈的掌声，祝贺他大赛夺魁。

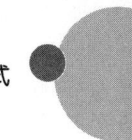

3. 掌握冰山模型的方法

那么，如何掌握冰山模型，找到事物的共性，增加自己的思想深度呢？除了第二章提到需要海量输入知识之外，最关键的就是采用本章前面中提到的 5why 模型。我结合三个咨询个案来演示冰山模型是如何使用的。

在使用冰山模型的过程中，一定要记得凡事多问一个为什么，要有打破砂锅问到底的好习惯。

案例 1："效率"问题。

小希说自己的写作效率低，目前 6 个小时写一篇文章，想达到 3 个小时写一篇文章的目标，但试过各种方法都没能提高，所以来咨询，想知道原因和解决方案。

> 我问：为什么你想 3 个小时写完一篇文章？
>
> 她答：我想提高写作效率？
>
> 我问：为什么你想提高写作效率？
>
> 她答：我想做到日更公众号？
>
> 我问：为什么你想日更公众号？
>
> 她答：我想把这件事做好。
>
> 我继续问：你目前写了多少篇，感觉没有提高效率？
>
> 她答：10 多篇
>
> 我说：才练习 10 多篇你就想提高一倍效率，你对自己的要求太高了，以我写作的经验来看，练习 100 篇以上才能看见明显的效率提高。

运用冰山模型来分析，小希所描述的事件是写作效率低的问题。这件事的表层本质是"急功近利"，小希太想快一点提高写作效率，暴露了她急切的心态；中层本质是"骄傲"，她高估了自己的能力，低估了提高写作效率的难度;而深层本质是"完美主义",她在生活工作中是一个对自己高标准、高要求的人,在提高写作效率这件事上也不自觉地追求完美。

所以,解决这个问题的关键,是要降低自己的预期、标准和要求,体现在写作效率这件事上,就是不要期待练习10篇就能提高一倍的效率,而是练习100篇以后再来看是否提高了一倍的效率,如图3-5所示。

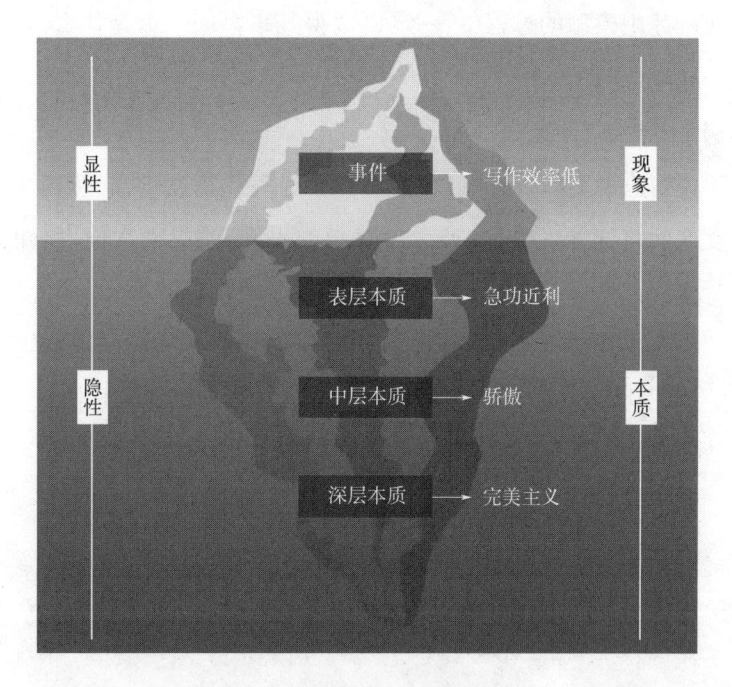

图3-5 冰山模型分析"效率"问题

案例2:"求关注"问题。

一位妈妈说大宝读三年级,小宝才3岁不到,但是大宝最近频繁欺负小宝,想知道如何正确处理大宝和二宝之间的关系。

我问:为什么大宝最近频繁欺负小宝呢?
她答:因为大宝想寻求我的关注。
我问:为什么大宝想寻求你的关注?

第三章 深度思考：10倍速解决问题的思维方式

> 她答：因为我认为大宝已经长大了，不需要太多关注。最近小宝比较黏人，的确是把注意力都放在了小宝身上。
> 我问：如果你是大宝，你会怎么想？
> 她说：如果我是大宝，我可能害怕弟弟把妈妈抢走，害怕妈妈不要我。

运用冰山模型来分析，这位妈妈所描述的事件中，表层本质是"求得关注"，大宝故意采取这样的做法以求获得妈妈的关注；中层本质是"害怕失去"，大宝害怕失去妈妈的关心和关爱；深层本质是"缺少爱护"，这位妈妈确实在生活中忽视了大宝的需求。

所以，解决这个问题的关键，不在于处理大宝和二宝的关系，而是要合理分配对大宝和二宝的关心和爱护。具体做法就是每天分配一些时间用来陪伴大宝，如图3-6所示。

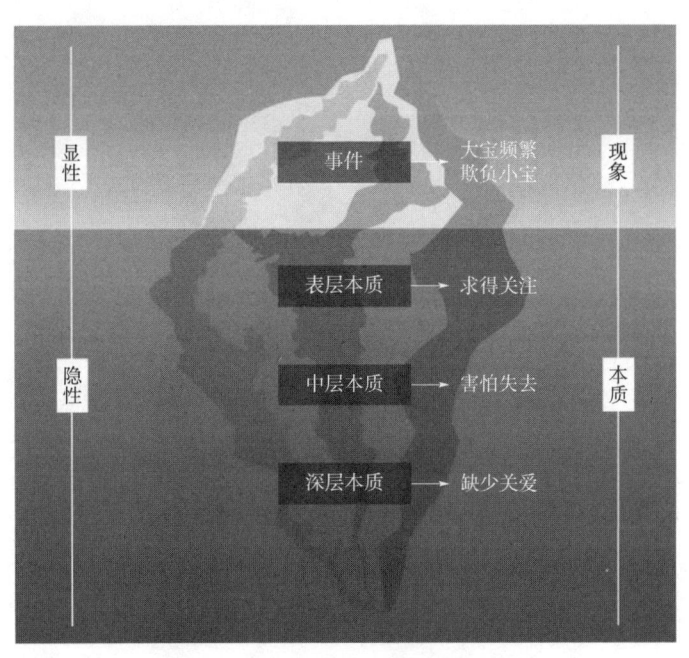

图3-6 冰山模型分析"求关注"问题

案例 3："边界"问题。

小慧在复盘中提到：有一天晚上，妈妈叫她吃饭，她答应了但是没去吃饭，一直在电脑前专注写文章。后来，妈妈又叫了她几次，多次叫她之后，她就有点儿烦。她明知道这是父母的爱，却不自在。这也让她看到了自己与孩子的相处模式，有时候孩子正在专注看书，她多次叫孩子吃饭，孩子没有到餐桌这里来，然后她也生气了。

根据小慧在复盘中描述的事件细节，可以用冰山模型做了两层逻辑分析，她不仅能看见自己的行为模式，更看到这模式背后的深层原因，以免后续重复出现这样的问题。

第一层逻辑分析：事件 1 是"妈妈多次叫吃饭"，表层本质是"边界"，吃不吃饭是自己的事，不用喊多次；中层本质是"控制"，妈妈觉得到了饭点必须吃饭，得按要求和规矩来；深层本质是"渴望独立"，小慧想跟随自己的节奏，以此证明自己的独立性，如图 3-7 所示。

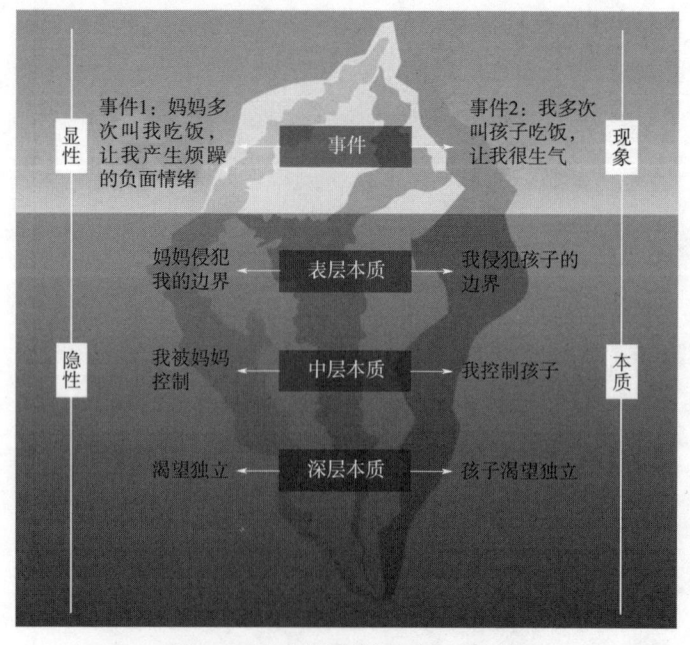

图 3-7　冰山模型分析"边界"问题

第二层逻辑分析,事件2是"我多次叫孩子吃饭",表层本质是"边界",喊一次,孩子听到了就行,看完书他自己会来吃;中层本质是"控制",觉得到了饭点必须得吃饭;深层本质是"独立性",孩子想按自己的节奏来,以证明自己的独立性。

这两个事件放在一起用冰山模型分析,就非常有意思了。小慧在向自己的妈妈证明自己的独立性,而她却在不自觉的情况下传承了妈妈的行为模式,而孩子也想证明自己的独立性。如果不是事件里发生的情况,小慧和她的孩子都将是没有边界感的人。

好在小慧通过学习,能意识到自己的问题在哪里。所以,解决这个问题的关键在于确立边界,做到课题分离。不要因为没有听妈妈的话马上来吃饭而自责,也不要因为孩子没有听自己的话马上来吃饭而生气。

05

假设验证：预设结论，提高决策速度

大胆假设，小心求证。

——胡适

在作决策的过程中，你是否拥有"假设验证"的逻辑思维呢？来看看你是否遇到过下面类似的场景。

> 场景1：你想减肥5公斤。根据查阅的资料，减少糖分摄入就能减轻体重。接下来一个月，你在饮食结构中，逐步减少主食、含糖量高的水果及饮料。结果体重真的下降了。
>
> 场景2：你去陌生的城市旅行，想找一家好吃的美食店。你根据网上的评价，选了一家人气和评分最高的面馆。去到店里点了招牌套餐，结果大失所望，还没有自己煮的面条好吃。
>
> 场景3：你想提高工作效率。尝试大家推荐的番茄工作法，每工作

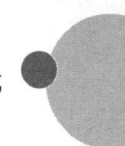

或学习25分钟就休息5分钟,你践行了一个星期后,发现自己的思考老被打断,工作效率还没有以前高。

这三个场景都有一个共同点,就是为了达到某个目的,先假设一个结论,然后快速通过实践去验证这个结论。场景1是假设减少糖分摄入能减轻体重,场景2是假设评分最高的面馆是美食店,场景3是假设番茄工作法能提高工作效率。

如果你在生活中也常常这样作决策,那你已经在运用"假设验证"的逻辑思维来解决问题。"大胆假设,小心求证"是科学研究中重要的原则之一。事实上,每个人都有过这样的经历,观察到一个现象,或为了实现一个目标,先提出一个假设,然后去验证自己的那个假设。这个"观察、假设、验证"的过程,就是最基本的逻辑思考方式。

1. 假设验证的本质

每个人都会说"如果""假如""换个角度想想"等,但不少人只懂得假设,却没有走到验证这一步,更没有把假设验证的结果提炼成方法或原则。

<u>假设验证的本质,不是为了发挥想象力,而是一个以解决问题为目的的思维模型</u>。它是通过预设一个假设性的前提条件,让大脑形成条理清晰的思考路径,找到最佳方案。

所以,假设验证能帮助人们正向运用自己的想象力,提高创新能力,加快解决问题的速度。我总结出三个常用的"假设公式",让你快速掌握假设验证的逻辑方法。

什么是假设验证?

假设检验,又称统计假设检验,是统计学中的一个专业术语,是用来判断样本与样本、样本与总体的差异,是由抽样误差引起还是本质差别造成的统计推断方法。假设检验一般分为五个步骤,分别是建立假设、选择合适的检验统计量、根据需要选择显著性水平、计算出检验统计量的临界值、做出统计判断或决策。

逻辑学中的"假设验证",也是通过收集和分析数据来验证某个假设是否成立。但是,这些假设检验的过程对普通人来说太复杂了,也不够实用。如果要将这种具有逻辑性的科学方法用到日常生活工作中,就要简化它。

在商业中,最小可行性产品(minimum viable product,MVP)就是一个假设验证的典型过程。埃里克·莱斯在《精益创业》中对MVP的定义是,让团队用最小的代价实现一个产品,以此最大限度地了解和验证对用户问题的解决程度。马化腾把腾讯的渐进式创新解释为"小步快跑,快速迭代",就是先给出一个产品或结论,然后在用户使用或验证的过程中,不断优化和迭代。

所谓"假设验证",就是提出一个假设性的结论,然后在实践中验证这个结论是否正确,以此获得经验和教训,提炼出做人做事的方法和原则。

2. 为什么假设验证能提高决策速度和效率

一是避免人们无视客观事件和规律,陷入无尽的想象或恐惧。

想象力会把你带到任何地方,成为一个喜欢做白日梦的人,但是假设验证的逻辑思考会让你从A到B,成为一个解决问题的高手。验证过程中的数据分析、摸索规律、提炼方法,都能为预约结论带来客观支持。

二是能够降低个人的偏见,避免决策过于武断。

经过假设验证的决策更可信,能减少个人的偏见和主观臆断。有逻辑的推理过程,能让你分辨出有效的行动和可能存在的风险。

我在咨询过程中,使用得最多的一个逻辑方法就是假设验证。当咨询者向我求助或提问时,我通常会反问"假如你是对方,你会怎么做""假设你现在转岗成功,需要具备哪些能力""如果这件事发生了,会对你造成哪些影响"。

3. 假设验证的方法

那么，普通人如何绕开复杂的数据分析，在日常生活和工作中学会假设验证？以下是三个日常用使用场景中的假设公式：

第一，生活中的假设公式：如果……那么……我就……

生活中的大部分场景，可以按下面的假设公式去完成逻辑思考，帮助你快速做出更好的决策。

假设：如果……（这里是预设一个结论）

验证：那么……（这里是分析预设结论后的过程，或者直接由实践来验证预设结论）

方法：我就……（这里是根据假设验证的结论，或者逻辑分析后得出的结论提炼方法）

小可说，她有一次上书法课，不小心把墨汁洒到了白色的衣服上，得出的结论是以后上书法课要穿深色的衣服。可以对这件生活中的小事进行一组假设验证的逻辑思考，如图 3-8 所示。

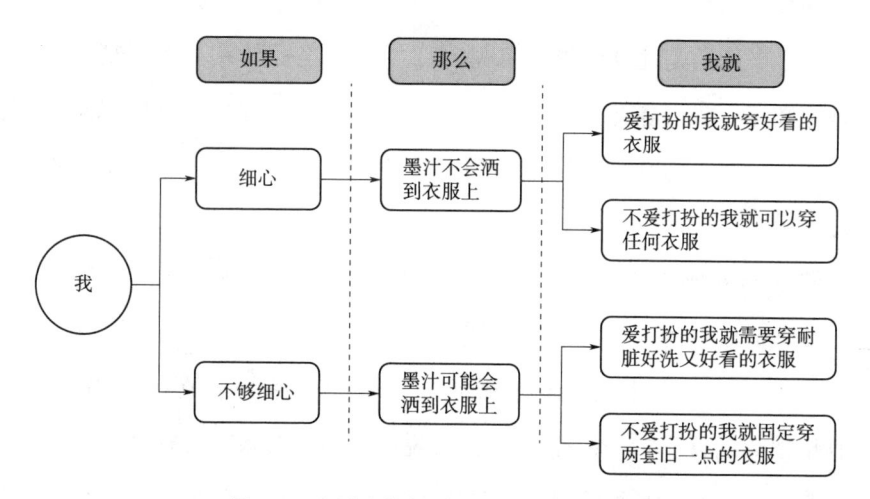

图 3-8　生活中的假设公式的案例分析一

假设1：如果我足够细心，那么墨汁不会洒到衣服上，爱打扮的我就可以穿好看的衣服。

假设2：如果我足够细心，那么墨汁不会洒到衣服上，不爱打扮的我就可以穿任何衣服。

假设3：如果我不够细心，那么墨汁可能会洒到衣服上，爱打扮的我就要穿耐脏好洗又好看的衣服。

假设4：如果我不够细心，那么墨汁可能会洒到衣服上，不爱打扮的我就固定穿两套旧一点的衣服。

第二，工作中的假设公式：假如我是……那么……我会……

工作中大部分场景，可以按下面的假设公式去完成逻辑思考，帮助你提高工作效率，改善人际关系。

<u>假设</u>：假如我是……（这里是换一个角色，从不同角度做出预设结论）

<u>验证</u>：那么……（这里是站在新角色的位置去验证预设结论）

<u>方法</u>：我会……（这里是根据假设验证的结论，或者逻辑分析后得出的结论提炼方法）

小启碰到的是处理领导关系的问题。他的工作效率虽然很高，但很少让领导知道，总是提前做完放到截止时间才去提交。尽管如此，领导仍然会强行加活给他，这让他很苦恼。用这个案例进行一组假设验证的逻辑思考，如图3-9所示。

假设1：假如我是领导，想要派活给下属，那么我相信他有工作能力，我会直接把活派给他，下属接这个活就说明他有能力、有效率完成它。

假设2：假如我是领导，想要派活给下属，那么我相信他有工作能力，我会直接把活派给他，下属不接这个活就说明他的工作态度和能力一般。

假设3：假如我是领导，不想派活给下属，那么我不相信他有工作能力，别无选择的情况下我会把活派给他，下属接了这个活说明他有能力、有效率完成它。

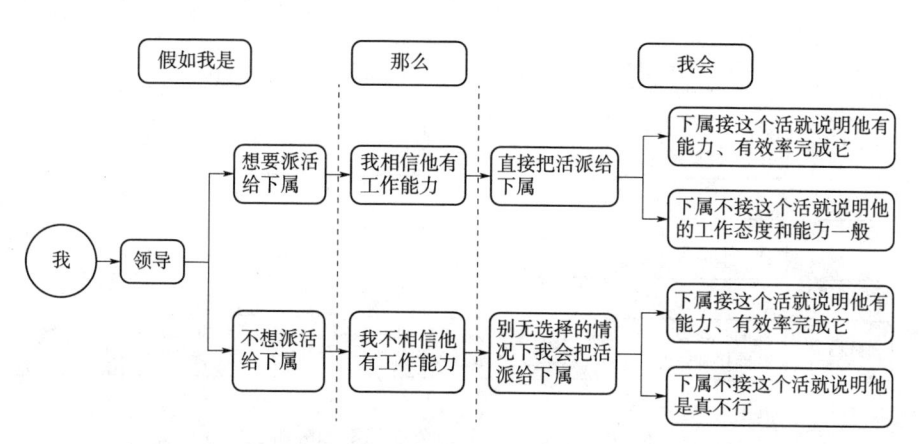

第三章 深度思考：10倍速解决问题的思维方式

图3-9 工作中的假设公式的案例分析二

假设4：假如我是领导，不想派活给下属，那么我不相信他有工作能力，别无选择的情况下我会把活派给他，下属不接这个活就说明他是真不行。

做完假设之后，无论领导想不想派活给下属，是否相信他有工作能力，把活派给下属都是对他的一种测试和考验。这个假设验证思考后，也可以得出一个结论，其实小启的领导早就知道小启的工作能力和效率高。但我有重要工作需要你配合完成时，你要做好。

第三，咨询中的假设公式：假如情况是……那么……你就……

咨询中部分场景需要用到这个假设公式，它也适用于日常生活工作中处理一些棘手问题的场景。按下面的假设公式去完成逻辑思考，能给向你求助的人提供新的解决方案。

假设：假如情况是……（这里是换一个思考角度，做出预设结论）

验证：那么……（这里是站在新的思考角度去验证预设结论）

方法：你就……（这里是根据假设验证的结论或者逻辑分析后得出的结论提炼方法）

不少人在更新公众号的过程中遇到阻碍，总会因为个人的拖延而不能做到持续更新。用这个案例进行一组假设验证分析，找到问题的原因，并解决问题，如图3-10所示。

	假如情况是	那么	你就
假设1	你的公众号产出了一篇10万+阅读量的文章	更新公众号就产生了动力	愿意每天更新文章
假设2	你的公众号每天有100元钱以上的流量收益	写作变现的目标就实现了	愿意每天更新文章，而且不会拖延
假设3	你的公众号每天或每周都能接到广告	写作变现的目标仍然能实现	愿意继续每天更新文章，拖延的可能性也会越来越小

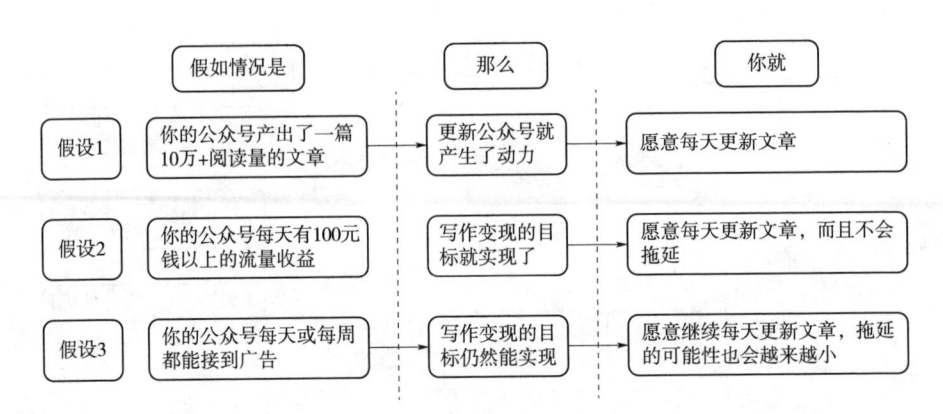

图 3-10 咨询中的假设公式的案例分析三

假设 1：假如情况是你的公众号产出了一篇 10 万+阅读量的文章，那么更新公众号就产生了动力，你就愿意每天更新文章。

但后续又没有了 10 万+，你可能还是会拖延。所以**假设 2**：假如情况是你的公众号每天有 100 元钱以上的流量收益，那么写作收益的目标就实现了，你就愿意每天更新文章，而且不会拖延。

但后续流量收益也变少了，每天只有几十块，你可能会热情消退，所以**假设 3**：假如情况是你的公众号每天或每周都能接到广告，那么写作收益的目标仍然能实现，你就愿意继续每天更新文章，拖延的可能性也会越来越小。

做完假设之后，自己就能明白，当前的拖延只不过是因为自己没有坚持下去，没有看到成果而已。如果将来能坚持看到阅读量和粉丝量上涨，能有流量收益或广告收益，那自然会坚持更新公众号，直到所有的收益几乎为零的时候才会选择放弃。但是，在当下，还没有见到收益就放弃，显然是不合适的。

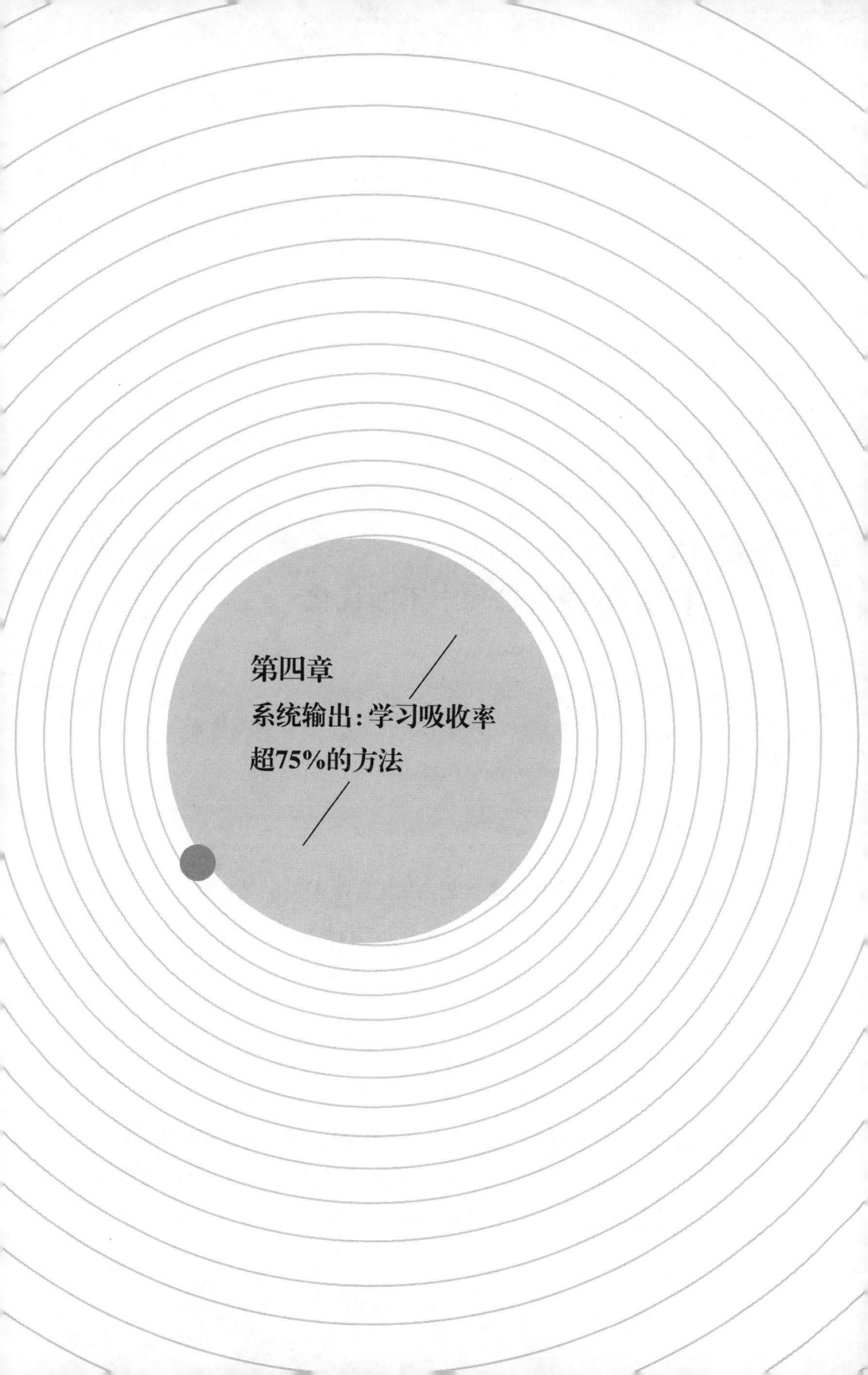

第四章
系统输出：学习吸收率超75%的方法

01
行动：在做的过程中不断优化

> 一本真正的好书教给我的远不止阅读它。我必须很快将它放在一边，然后按照它来生活。我始于阅读，终于行动。
>
> ——梭罗

嘟嘟时常感到疲惫犯困，特别是午饭后容易嗜睡，她甚至想去医院做个体检。在咨询中，她问我："老师，我最近变得越来越没有力气，知道提升精力的办法是运动，但就是不想运动。因此形成恶性循环，越困越睡，越睡越困。如何改变这种情况？"

根据她描述的情况，问题的关键点不在于饭后嗜睡，而是精力不足。为什么会出现这种情况呢？经过咨询分析，发现她的精力不足是因为没有采取任何行动。自从她在工作中失去晋升机会后，每天的工作按部就班，时间一长就开始放纵自己，刷手机、不学习，不控制饮食，也不再坚持运动，身体立马胖了起来，不仅感觉没有精力，而且还时不时会生病。

第四章　系统输出：学习吸收率超 75%的方法

之前，她自己尝试着激励斗志，寻找人生意义，但发现并不好用。因为这种方法没有实际行动，只是通过看书来转变一些想法。后来，她从我这里获得了三个具体解决方案：一是运动从简，每天上午和晚上各快走 30 分钟，早晚各记录一次体重；二是饮食从轻，早餐吃玉米、鸡蛋和牛奶，中午按照蔬菜、肉类和主食顺序只吃七分饱，晚餐同早餐一样；三是睡眠从优，每天保障 7~9 个小时高质量睡眠。

后来，她在复盘中写道："按照老师给的方法，我的身体逐渐恢复了活力，心理能量也变得正向，身体状态越来越好。我明白遇到任何事情，要给自己一点时间思考具体如何做，然后不要犹豫、不要拖延，立刻按照思考出的方法执行。"

不少人也会出现类似的错觉，以为看看书、找找意义感，就能解决自己的问题，结果仍逃不过那句话："听过很多道理，却仍然过不好这一生。"

1. 行动的本质

"纸上得来终觉浅，绝知此事要躬行。"事实上，<u>解决问题的关键点不在于看书，而是有效的行动</u>。哪怕是错误的方法落实到行动中，也能通过总结经验教训，更加积极地解决问题。

根据学习金字塔模型，通过实践操作完成的学习，两个星期后人们能记住 75%的内容。所以，遇到问题或困难，加强自己的行动，在做的过程中不断优化方法，不仅能解决问题，而且能把这些方法内化到自己的思维里。

行动的本质，不是为了逃避问题而做简单的事，而是以解决问题为目标，将问题或困难拆解成可执行的动作。换句话说，行动是对结果进行验证的过程。

所以，行动是人们打破幻想、破除完美主义、缓解焦虑的有力武器。不过，"理想很丰满，现实很骨感"，往往知道行动很重要，但就是迟迟不愿意去做，下面总结出一套增强行动力的方法，能轻松行动起来。

什么是"行动"？

行动是人类存在和发展的前提，作为社会动物，人是依靠行动改造自然、创造自己所需要的对象、解决衣食住行等问题，来满足自我存在和发展的需要。

《有钱人和你想的不一样》这本书中说："一些人就算恐惧也会采取行动，一些人却会让恐惧挡住他们的行动。"所以，"行动"是指<u>为实现某种意图而进行的活动或实践</u>。从定义来看，主要有三个特征：目的性、执行力和有结果。

<u>首先，目的性</u>。我跟一位咨询者说："想法只是想法，想法一旦付诸行动，通过复盘提炼，就会成为思维。"没有目的的想法只是空想，或者嘴巴上说说；有目的的想法只是计划，如果计划没有执行，仍然毫无意义。所以，有效的行动，需要有明确的目标或目的，能促进计划的产生与完成。

<u>其次，执行力</u>。无目的的想法也好，有目的的计划也好，都需要执行，才能落实到行动上，最后用行动来检验想法或计划的好与坏。

<u>最后，有结果</u>。任何事情，只要去执行了，就有结果。这个结果没有好坏对错之分，是一个客观存在的事实。继续复盘这个结果，提炼出原则或方法，就达到了行动的意义，也就是思维的提升。

每个人的行动，决定着自己的意义和价值，影响着自己的命运和发展，而所有人的行动，影响着一个国家过去的历史、现在以及未来的发展。所以，唯有行动，才有发展和机会。

2. 为什么说"行动"属于一种输出

一是行动反映出一个人的认知体系。

根据《心理学与生活》中的"行动控制理论"，行动是通过一系列认知过

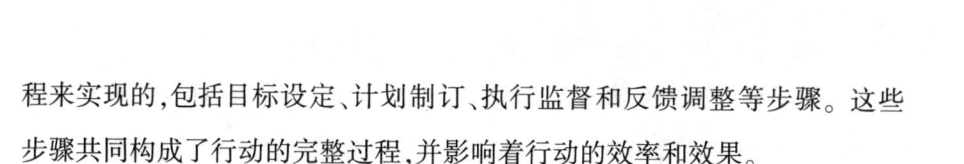

程来实现的,包括目标设定、计划制订、执行监督和反馈调整等步骤。这些步骤共同构成了行动的完整过程,并影响着行动的效率和效果。

二是行动中的反馈能优化方法论体系。

通过行动,可以将所学的知识和技能应用到实际中,不仅可以加深对旧知识的理解和记忆,提高学习效率,而且能提炼出思维模型,形成高质量的输出。

2019年转行做咨询师之前,我主要从事新媒体运营和店铺管理。由于在工作中需要给员工做培训,给其他企业做管理咨询,我积累了一些咨询能力。在做了200场关于自律和学习方法的免费咨询之后,我分析了咨询者提出的共性问题,总结出一套学习体系,之后的5年一直靠咨询来获益,在此期间迭代出一个完整的课程体系,最后将精华内容整理成你正在阅读的这本书。正是因为我一直在坚持行动,才形成一个从无到有、从有到精的输出过程。

3. 增强行动力的方法

那么,如何增强自己的行动力,并优化出一套自己的方法论体系,有五个训练方法。

第一,一分钟原理。

不要追求完美主义,不要想着一步到位,而是学会将大目标拆解成小目标,小目标拆解成具体可执行的动作。如果拆解成一分钟内能完成的动作,就能轻松启动大脑,积极主动地投入行动。就像写一篇1 000字的文章很难,但是先写10个字、100个字就很轻松,一旦真正写起来就能轻松进入状态。关于一分钟原理的深度解读,可以移步至本书第五章。

我在练习游泳的过程中,刚开始总想一下子游到1 000米,但每次游到两三百米就累得不行了。除了纠正错误动作外,我调整了行动方案,我不再想着一定要游 1 000 米,而是每次用一分钟左右游 25 米,这样就把注意力集中在每一个 25 米,很快就能完成 1 000 米。所以,焦虑不安时,不要去想那些有的没的,而是专注当前最重要的事,先行动起来。

第二,变被动为主动。

如果总是被任务推着走,或者所做的事情都是由别人安排,虽然也完成了任务,但行动是比较弱的。只要转换一下思维方式,变被动为主动,就能提高自己的做事效率,也能为自己的行动注入新的动力。

有人找我咨询,说自己想学习,却被工作和生活搞得很忙,压根没有时间学习。我就对他说:"如果你真的想通过学习提升自己,就要在心态上变被动为主动,看看工作和生活中哪些时间能用于学习。比如,闲聊的时间、刷手机的时间、抗拒工作的时间等,这些都可以节约出来,平均每天至少能节约出 3 个小时用于看书、听书、复盘等学习动作。"

第三,收集反馈。

每次行动之后,都要收集来自他人的反馈。通过反馈,结合自己的复盘思考,能找到行动力不强的原因,调整自己的计划和行动方案。

爱聪拖延很严重,每次计划好的事,最后大多没有完成。她一边懊悔和自责,一边又说下个月一定完成。她持续咨询了 5 年,虽然成长得比较慢,但整个人慢慢发生了好的变化,正是因为每月一次的咨询、每周一次的复盘反馈,让她没有放弃学习,而是坚持用微小的行动让自己持续成长。

第四,固定时间做固定的事。

在固定的时间重复同样的行动,能节省能量。通过行为模式化,可以得到两种效果:一是培养节奏感;二是将动作内化到身体里,形成强有力的习惯。这就是那种到某个点必须做某件事,如果不做就不舒服的状态。比如,我每天下午 5 点运动,一到这个时间点,我就无心工作,因为身体告诉我必须得去运动了。

第五，制定截止时间。

有些事并不是非做不可，所以行动时不免有遗忘或拖延。但如果一件事是必须完成的，那就一定要制定截止时间。"截止时间"是促进效率提高的外在驱动力，主动把每件事都规定完成时间或截止时间，就不会拖延，并且还能不断挑战和提高自己的效率。

就像驾驶证到期前90天内，要去换新证，过了截止时间没有更换，可能就需要重新考试。为了避免这种麻烦，人们都会在规定时间内去完成这个动作。跟学员约定好咨询时间，我必须准时出现，偶尔一两次迟到别人能理解，经常迟到或忘记咨询，恐怕我就要失去工作了。承诺每周二给学员的周复盘进行点评，即使再忙也要如期完成。

一分钟原理、变被动为主动、收集反馈、固定时间做固定的事和制定截止时间，这些是我增强行动力的方法。卡莱尔说："我们的行动是唯一能够反映出我们精神面貌的镜子。"为了有更好的精神面貌，为了展现一个优秀的自己，为了实现宏大的人生目标，自然就有了强大的行动力。

当遇到一个非常大的困难，或者把一个普通困难想象得特别大时，就会在大脑中放大痛苦，为了逃避痛苦，就拒绝行动，比如待在舒适区，或者做与目标或事件无关的事。杰弗里·科特勒在《改变心理学》中说："改变的真相是，直到别无选择的时候才想要寻求或接受改变。"之所以畏难而不行动，是因为没有被逼到困境。

<u>为了保持较高的行动力，需要有一个大的循环系统，分为三步：设定目标、拆解目标和调整目标。</u>

首先，设定目标。找到自己要实现的目标，用目标指导行动，而不是行动指导目标。有一个清晰的目标，就能带来更强大的动力去执行。

其次，拆解目标。彼得·德鲁克说："没有计划的行动是一切失败的原因。"有了目标之后，就要根据大目标拆解小目标，制订计划并列出日程表。

最后,根据日程安排执行,并通过复盘行动不断调整目标。只要执行了,就有经验和教训,这个时候开始复盘,提炼原则,不断调整自己的日程安排、修改计划、检查目标。最终,目标就会变得越来越清晰,也会触手可及。比如,我年初定的年度目标,一年中,总会有3~5次调整,同时月计划、周计划和每天的日程安排都会花时间,这样做是为了确保行动始终与核心目标有关,保证行动的有效性。

　　保持较高的执行力,并没有什么秘诀,仍然是利用PDCA循环法,计划、执行、检查和调整。通过设定目标、拆解目标、复盘行动并调整目标,用这样一个良性循环系统增强自己的行动力,达成目标。

02

分享:一有收获,马上说给别人听

> 分享不但能改变他人的命运,也能改变自己的命运,所以越是有成就的人,越懂得分享。
>
> ——佚名

分享,是最好的学习。

分享是一件利他又利己的事。利他是因为经验能加速他们的成长;利己是因为在分享的过程中,不仅能练习逻辑思考能力、口头表达能力、社交能力,而且能最大化吸收学习到的新知识。

根据学习金字塔模型,通过教授他人来完成的学习,两个星期后人们能记住 90% 的内容,这也是费曼学习法的核心理念。所以,当你抱怨学习内容枯燥无味、记不住内容、无法用于实践行动时,不如一边学一边和他人"分享",不仅能提高学习吸收率,而且能带给自己满满的成就感。

然而,很多人想分享,却始终开不了口。

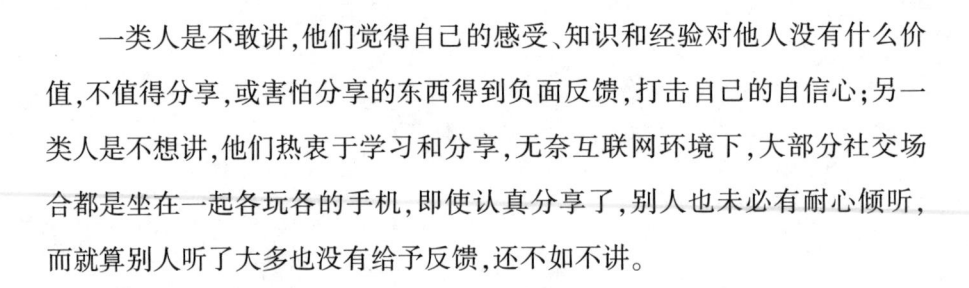

一类人是不敢讲,他们觉得自己的感受、知识和经验对他人没有什么价值,不值得分享,或害怕分享的东西得到负面反馈,打击自己的自信心;另一类人是不想讲,他们热衷于学习和分享,无奈互联网环境下,大部分社交场合都是坐在一起各玩各的手机,即使认真分享了,别人也未必有耐心倾听,而就算别人听了大多也没有给予反馈,还不如不讲。

1. 分享的本质

人类天性爱听故事,如果能将感受、知识和经验以故事的形式进行包装,或许会有更多人愿意听,愿意参与互动。但是,单就学习知识而言,本身就是一个枯燥乏味的过程。现在又需要把知识讲得生动有趣,无形中又增加了分享的困难。

<u>但分享的本质,不是为了向他人炫耀自己的学习成果,而是通过写或说的过程,让自己发现更多问题,进一步巩固和完善知识体系。</u>

所以,分享是输出中相对简单的一种形式,因为只要张口就能完成。不过一部分人害怕社交,不敢在公共场合分享,于是我总结出一套主动分享的方法,能让你突破社交恐惧,敢于开口,最大化提升学习吸收率。

<u>什么是"分享"?就是通过书面或口头表达的形式,将个人的感受、知识和经验传递给他人。</u>比如将文字内容分享给自己的朋友,或分享到微信朋友圈、公众号、社群等平台;比如在线下课程、线下读书会、视音频会议等场景进行口头分享。分享是一种具有社交性质的互动式学习,在分享的同时,也能从他人的反馈中汲取营养。

处理信息时存在两个独立但又相互联系的认知系统:一个是专门用于处理图像、空间关系等非语言信息的系统;一个是专门用于处理语言信息的系统。当这两种系统同时被激活时,信息处理和记忆效果会得到显著提升。同时,社会学中的互动学习理论认为分享是一个社会互动的过程,人们通过

与他人的交流来共享感受、知识和经验。

在"分享"这一行为中,有三个要点:首先,"说"的过程就是整合语言信息的过程;其次,分享本身就是一种"行动";最后,分享中必定伴随和他人之间的交流和反馈。所以,在做分享时,语言表达、行动、社交互动同时发挥功能,极大地促进学习吸收率。

2. 为什么一有收获,需要马上说给别人听

一是能深化理解知识,激发创新思维。

分享知识给他人的时候,可以帮助自己巩固记忆,加深对知识的理解。他人给予的反馈,包括认可、质疑、新观点等,拓宽视野的同时,能触发自己产生更多的创新思考。

二是及时倒掉杯子里的水,保持空杯心态。

人一旦感觉自己比身边的人懂得更多知识和方法,就容易骄傲,就像一杯水倒满了,就再也装不下了。而只要自己一有收获点,马上分享给身边的人,就像把满满的一杯水倒掉,杯子空了,又有学习新知识的渴望和危机感。在分享的过程中,不仅能发现自己的问题,而且能不断倒逼自己完善个人知识体系。

三是增加社会交往能力。

通过分享,可以向他人展示自己的经验、能力和价值观,一方面能带给自己满足感和幸福感;另一方面能结识志同道合的朋友和合作伙伴,共同探索更多的可能性。

小懒在一次咨询中,激动地对我说:"我有一个顿悟,你对自律的定义是'对喜欢的要克制,对不喜欢的要坚持',而我最近在复盘中得到启发,我认为自律不是克制欲望,而是要合理分配自己的欲望。"听完她的分享,我拍手叫好。对我而言,她的分享让我对自律有了新的认识,可以进一步迭代我的

课程体系。对她而言,得到老师的认同和反馈后,又能继续开心地学习其他知识。

3. 主动分享的方法

那么,如何做到主动分享,并通过持续分享创造新社交联系?下面有三个方法:

第一,完成分享内容,分享给他人。

一有收获,马上形成分享内容,要么说给别人,要么写成文字发给别人。对于小的收获点,可以随手分享,比如在书上看到一个新的观点,由此产生一些感悟,可以马上说给身边的人听,或者写成一段文字发到微信朋友圈。对于大的收获,需要做准备才能形成分享内容,比如在长期育儿过程中,有一套关于儿童时间管理的方法,可以写成一篇长文或一个课程,分享给他人。

对于需要做准备的分享内容,可以按四个步骤进行。

第一步,列出主题。根据自己在某个方面的收获,列出需要分享的主题、大纲、问题、方法等关键内容。

第二步,查阅资料。根据主题或问题去查阅相关的书籍、视频等资料内容,去验证、补充分享内容的知识体系。

第三步,撰写成文。把个人现有的知识体系、实践经验与所查阅的资料进行结合思考、分析,提炼出这个主题的思维模型,并撰写成文。

第四步,多元分享。第一种是直接把文字内容分享到微信朋友圈、公众号等社交平台;第二种是把分享内容做成视频,或以直播的形式分享出去;第三种是在线下社交场合,或线上视音频会议中进行口头分享。

如果刚开始对自己的分享内容不够自信,或害怕在大型场合进行分享,可以先把内容分享给家人、好友,再到小的社群分享,然后慢慢扩大分享的范围,采用这种逐步暴露自己的方式,就能让自己敢于分享。

第二,创建自己的社群。

不同的分享内容,需要选择合适的分享平台和对象。成长类、职场类、育儿类内容大多数都可以分享到微信朋友圈、公众号等社交平台。而不同的社群,可能讨论的主题不一样,需要视情况而定,比如,和有孩子的朋友分享育儿经验,和读书的学生分享学习方法,和职场人分享工作心得等。

但很多时候,有一个收获,却不知道该分享给谁:一是没有分享到微信朋友圈的习惯,或者没有个人公众号等社交账号;二是不确定分享内容是否为对方所需要。为了避免有收获却无处分享的尴尬,我建议每个人都去创建自己的社群,免费或付费都可以。

旭芳有一个自己的微信社群,里面有 100 多人,全是她的女性朋友。她每个月都会在社群里做一次分享,分享的内容包括个人成长、育儿经验、理财方法、家庭关系等。她曾两次邀请我去她的社群里做分享,大家都非常热情,学习也很积极主动。

2019 年底,我为了倒逼团队成员输出,创建"江武墨的优秀圈子"这个社群,每周举行一次线上语音分享会,里面的角色有主持人、分享人、反馈人、点评人等。大家通过担任不同的角色来倒逼每周一次高质量的输出。刚开始只有 4 个人,坚持运营 5 年,到 2024 年 8 月已经有 20 多位优秀的小伙伴加入,累计做了 200 多场的分享。

第三,找一位人生导师。

分享这件事和人生导师有什么关系呢?假如你有一些收获或想法无法分享给家人和朋友,也不愿意分享到社群或公开平台,但又渴望自己学习的知识和内容能得到反馈,这个时候就需要给自己找一位人生导师,获得专业的反馈。

这里的人生导师,可以是人生中的贵人、要好的朋友、课程老师、咨询师

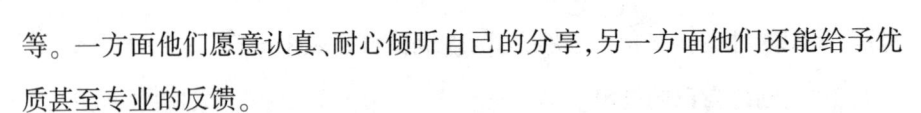

等。一方面他们愿意认真、耐心倾听自己的分享,另一方面他们还能给予优质甚至专业的反馈。

  我作为很多学员的导师,就深有体会。他们每天、每周、每月都会写复盘,特别是周复盘、月复盘的收获部分,能让我看到他们的成长点。我每周、每月都会对他们的复盘进行文字反馈。另外,每个月有一次语音沟通,他们把这一个月的收获或问题分享给我,并与我分析讨论。对他们来说,这种持续的、高强度的输出,能达到90%的学习吸收率,能极大地加快个人成长速度。

03

写作：把积累的经验和教训写成文章

写作从来就不是为了影响世界，而只是为了安顿自己。

——周国平

很多人认为要有一定的功底才能去写作，可真相是，一个人只要会说话就会写作。叶圣陶曾说："写文章不是什么神秘的事儿，艰难的事儿。文章的材料是经验和意思，文章的依据是语言。只要有经验和意思，只要会说话，再加上能识字会书写，这就能够写文章了。不论什么人都能写文章。车间里的工人能写文章，田亩里的农人能写文章，铺子里的店员，码头上的装卸工，都能写文章。因为他们各有各的生活。"

但是，在实际生活中，并非人人喜欢写作。因为，写文章太难了。

- 我不喜欢写作，因为它需要阅读大量的书籍。
- 我不喜欢写作，因为它需要学很多写作技巧。

- 我不喜欢写作,因为它需要日复一日坚持。
- 我不喜欢写作,因为写出来的东西太差了。
- 我不喜欢写作,因为写出来也会被人说不好。

这些都是大家的心声,随便写写日记还能坚持一阵子,但是要写出有质量的文章,就会让人感到头疼。很多时候,没能坚持写下去,不是因为写作能力的高低,而是把写作这件事想得过于困难,还没开始写就把自己吓跑了。

在个人品牌年度学员咨询课程的第四阶段,无论他们是否擅长写作,都会接到一个写课任务,要求在3~6个月内围绕某个主题撰写一个3万字课程。这个方法训练的核心是:你怎样对待写课,你就怎样对待你的人生。

1. 写作的本质

人生,从某种意义上讲是由大大小小的困难组合而成的。为了更好地直面困难、分析困难、解决困难,故意给自己"找茬",在"闲得无聊"时给自己加活,去写一个没有人要求、没有任何反馈、没有任何读者、没有任何收入的课程。

学员要写的课程,相当于他们人生中各种困难的缩影。我常对他们说:"你对待写课的态度,就是自己人生中遇到困难时的态度。你选择直面困难,困难就解决了;你选择逃避困难,困难就一直在;你选择放弃,就只能躲回自己的舒适区,继续安逸的生活。"

在5年时间里,一共有49位年度学员进入第四阶段挑战写课任务,最终30人挑战成功。无论学历高低、工作生活是否忙碌、是否有写作基础,他们通过这样的训练,不仅梳理出自己的知识体系,快速高效学会写作,而且通过写课的过程学会了底层逻辑思考。

写作的本质,不是写出辞藻华丽的文章,而是完成一次高质量的输出。写作的过程,就是将脑袋里的感受、知识、经验和方法,按一定的逻辑结构写在文档中。这样就形成了日记、复盘、读书笔记、课程等不同形式的输出,目的是用高质量输出提高学习的吸收率。如果你幻想自己的文章必须像作家的文章一样优美或震撼,那就是自己为难自己。换句话来说,你怎样对待写作,你就怎样对待你的人生。

所以,写作是一个人系统输出的关键点。我相信前面虽然重新定义了写作这件事,但仍有人不知道该如何去写。于是,我总结出一套写作方法,能让害怕写作的你,不仅能轻松写出一篇文章,甚至能把个人知识体系输出形成一门课程。

什么是"写作"?

《汉语写作学》一书中认为:"写作就是客观事物通过作者的主观意识,在恰当的文字形式中的正确反映。"百度百科对写作的定义是:"人运用语言文字符号,反映客观事物、表达思想感情、传递知识信息,实现交流沟通的创造性脑力劳动过程。"

"写作"作为一个完整的系统,大致可分为"采集—构思—表述"三个阶段。写作内容可以虚构,也可以纪实,表现为各种长短的文章,诗词歌赋、小说、剧本、书信、日记等。

简单来说,一个人把思想用书面语言表达出来,就是写作。写作是大脑思考结果的外显化。只要嘴巴会说话,手会写字,就能写。

2. 为什么要学会并坚持写作

- 我写作,是为了记录内心的想法。
- 我写作,是为了宣泄自己的情感。
- 我写作,是为了寻求生活的秩序。

- 我写作,是为了使生活变得更好。
- 我写作,是为了成为一名作家。
- 我写作,是为了证明自己还活着。
- 我写作,是为了分享自己的经验。
- 我写作,是为了能挣到更多的钱。

不同的人,有不同的写作目的。作家罗兰说:"写作是一条认识自己、认识真理的路,你只要喜欢写,应该随时动笔去写。而写作的目的不应该只是发表,当然更不是为了稿费和虚名。它实际上是一个人认识了真理后的独白。"写作的目的很简单,就是更好地认识自己、认识他人、认识这个世界。当一个人独处时,写作可以让自己与内心进行深入交流。因为写下来时,需要大脑提取信息、加工信息,进入真正的思考状态。

叶圣陶说:"写文章不是生活的点缀和装饰,而就是生活本身。一般人都要识字,都要练习写作,并不是为了给自己捐上一个'读书人'或是'文学家'的头衔,只是为了使自己的生活更见丰富,更见充实。"学会写作,也不应只是为了获利,而是让自己成为独立于他人的自己,一个真正的自己,一个更好的自己。

学会并坚持写作,至少有三个好处。

首先,能提高逻辑思维。把感性的想法,用理性的模型梳理出来,写成文字,可以不断提升自己的理性思考能力。

其次,更好地认识自己。通过复盘、日记、小说和文章等写作形式,不断挖掘自己,用复盘来反思自己的言行和梳理自己的情绪,用日记来宣泄自己的情感,用故事隐喻自己的想法,用文章表达自己的价值观。每一种表达形式,都能帮助更好地认识自己、看清自己。

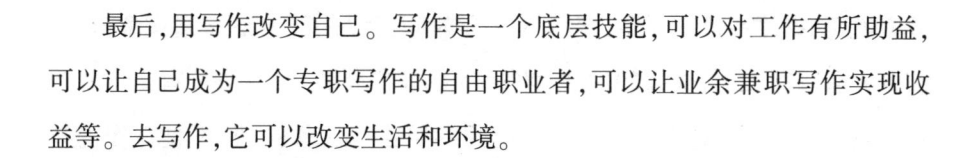

最后，用写作改变自己。写作是一个底层技能，可以对工作有所助益，可以让自己成为一个专职写作的自由职业者，可以让业余兼职写作实现收益等。去写作，它可以改变生活和环境。

3. 学会并坚持写作

那么，如何学会并坚持写作，把积累的经验和教训写成文章或课程，有三个训练方法。

第一，从兴趣出发，让自己喜欢写作。

刚开始我认为"我不会写作"，对写作只是略微感兴趣，事实上，我高中期间的作文一直是中等水平。从高中对散文的兴趣萌芽，到工作后的刻意练习，再到心甘情愿把它变成职业，我是如何喜欢上写作的呢？

首先，从兴趣出发。高三的时候因为作文水平一直提升不上去，请教作文接近满分的同学后，开始喜欢上一本名叫《散文诗》的杂志，从此为"喜欢写作"埋下一颗种子。

其次，从心出发。一般来讲，因为热爱某件事而专注，因为专注而擅长。而写作，对我来说，刚开始只是兴趣，并没有到热爱的程度。正是因为兴趣而坚持，因为坚持而擅长，因为擅长才达到热爱的地步。

现在的我，从心出发，热爱写作，并把它变成自己的职业，就像狄更斯说的，我是在自找麻烦、自讨苦吃，个中滋味只有自己最清楚。我相信只要自己坚持这份热爱，写出源自心灵深处的文字，终有一天我的文字也能成为作品。

第二，大量写。

我曾经在公众号文章里吐槽过自己的文案水平，2013年进入广告公司从事文案策划岗位后，一篇140字的微博要写两小时。原因很简单，因为输入量太少，为了写好一篇微博，我需要花一个多小时去查阅大量资料。这个故事说明,我并不擅长写作。后来的几年时间,我写了3 000多篇文章,正是因为大量地写,不断修改和迭代,才提升了写作水平,做到擅长写作。我的写作过程,验证了俄国作家契诃夫说的一句话:"写作技巧,不是写作的技巧,而是删掉写得不好的地方的技巧。"

苏浅写第一篇投稿到公众号的文章花了16个小时,如果算上迭代的时间,估计得有20多个小时。虽然此前她也能写一些复盘或者成长故事,但因为不熟悉投稿类的文章,也因为写得太少,写一篇有质量的文章就显得很费劲。为此,她一度很气馁,觉得自己不是写作的料,无法实现写作获益。

于是她向我求助,我对她说:"别想那么多,先去写,只有数量足够了,速度和质量才会提升。"结果,在写投稿文章一年半的时间里,她写了520篇文章,也成功实现了写作获益,成为一名以写作为生的自由职业者。在这个过程中,她每次咨询都会告诉我写作效率提升到什么程度了。最初写一篇文章要20多个小时,写到50篇时需要8个小时,写到100篇时需要6个小时,写到200篇时需要4个小时,直到现在,写一篇2 000字的投稿文章,她只需要2个小时就能完成。

她在复盘中写道:"人生没有捷径。就像我一年半写了500多篇文章后,我意识到,写作也是没有捷径的,只有多写多练,才能成功。接下来,我要在一年内再写500篇文章,让自己的写作水平迈上一个新台阶。"

第三,坚持写。

一位名人曾说:"为了写作,一个作家的绝大部分时间是花在阅读上,一个人要翻遍半个图书馆才能写成一本书。"现在是互联网时代,在浏览器里,可以搜到海量信息与素材,电子书可以一键查询。但是,在信息爆炸的互联网时代,信息获取如此方便,大家却仍然感觉坚持写作很难。

可见,写作与信息获取方便与否没关系,而与自身有密切关系。<u>难以坚</u>

第四章　系统输出：学习吸收率超75%的方法

持写作的原因是没时间写、完美主义、畏难情绪、缺少意义感和恐惧心理。需要克服这五点，才能让自己坚持写下去。

（1）没时间写。一般以工作太累、生活琐事多为借口。事实上，可以看看自己每天使用手机的时间，一般都有3~5个小时，所以，没时间写作，只是借口。

（2）完美主义。还没动笔之前，总想着自己一气呵成，一下子就能写出一篇完美的文章。这里的完美，是指达到自己喜欢的标准或能投稿的标准，或者达到优秀作者的标准。所以，需要做到先完成再完美，在初稿的基础上慢慢修改。

（3）畏难情绪。把写作目标设定得太高，就容易产生畏难情绪，比如实际写作能力是4个小时才能写一篇1 000字的文章，却非要求自己1个小时写完。所以，需要做到接纳自己写作速度慢的事实，先从4个小时一篇去坚持写。

（4）缺少意义感。看别人写公众号，自己也注册一个；看别人写文章获益，自己也去报个写作班。不知道为什么要学习写作，不知道学习写作能带给自己什么好处，缺少坚持写作的意义。写作真正的意义是保持理性思考，不断认识自己、改变自己。

（5）恐惧心理。害怕自己写的东西发出来会收到负面评价，所以干脆不写。就算写完一篇文章发出来，没有收到反馈时，就想着要放弃。这时候要回归写作初心，为自己而写，不要被外界评价干扰内心。

以一年内的写作目标为例，比如，这一年要写10篇公众号文章，或者成功投稿10篇，那么把写作内容拆解到每天的最小动作去坚持，比如，每天看30分钟书，每天坚持写100~500字。再比如，刚开始还没达到写文章的水平，就先从写日记、写复盘开始，不管写什么，先写起来。

如果坐在电脑前100个字都写不出来，那就写50个，或者写10个字。

写总比不写要强，因为这样的坚持，能让自己保持节奏感。简单来说，哪怕一天写50个字，都可以对自己说：我每天坚持写作。

能坚持写作，是进步；不能坚持写作，也是进步。前一个进步是成长，后一个进步是教训。

04

绘图：用一张图展示学习成果

你的头脑中必须有模型，你必须把你的经验，无论是间接的还是直接的，排列到这个心理模型的格子上。

——查理·芒格

查理·芒格说："一个人只要掌握80个到90个思维模型，就能够解决90%的问题。"

但是，大多数感性的人，可能一个思维模型都没有。即使有几个思维模型，也很难运用于生活工作。这是因为人在思考问题时，习惯先启动本能脑、情绪脑，还没等理性脑上线，事情已经处理完了，而思维模型就存储在理性脑里面。

1. 绘图的本质

一个人的理性分析与决策能力，与拥有的思维模型数量多少并没有直接关系。如果擅长用某一个思维模型来解决某一类问题,或者在实践中能自己提炼并绘制出原创思维模型图,才是真正地学以致用。

绘图的本质,不是记住某个知识和模型,而是透过复杂的实践、枯燥的理论,看到问题的关键点,用一句话或一张图把复杂问题简单化。绘图的目的是简化自己的思考,练就一眼看到本质的能力。

所以,绘图是系统输出中最难的方法。下面总结了绘图的三个步骤,能快速绘制出属于自己的思维模型图。

什么是"绘图"?这里指的是绘制思维模型图,一般呈现在 PPT 页面上,或手绘在一张纸上。既然绘制的是思维模型图,那有必要先了解一下"模型"。有人认为对研究的实体进行必要的简化,并用适当的形式或规则把它的主要特征描述出来,所得到的系统模仿品称为模型。也有人认为模型是砍掉细枝末节后精简的概念图,对模型进行思考就是通过大脑使精简的概念图形化。查理·芒格认为:解决问题的有效策略都可以叫作思维模型。

"思维模型"可以有如下理解:"思维模型"就是将复杂的事情简单化,将冗长的文字图形化,把得到的关键词和图形按一定逻辑进行结合的关系图。部分思维模型不需要图形化,只需要几个关键词或一句话就能概括出来。

比如,现在要跟别人讲时间管理的概念,但是讲了很多方法和故事,对方可能仍然把握不住核心。如果用一横一竖两条线画出一个矩阵图,横轴左右分别是不紧急和紧急,纵轴上下分别是重要和不重要,这样就构成了时间管理四象限图,如图 4-1 所示。

这个"时间管理四象限图"就是一个"思维模型",复杂的时间管理方法简化成"不紧急、紧急、重要和不重要"四个关键词,而冗长的文字用横轴和纵轴两条相互交叉的直线来表示。

简单来说,绘制出来的思维模型图,是在反复行动中,通过多次分享、写作,最后把大段的理论描述浓缩、提炼成一句话或一张图。绘制的过程,是

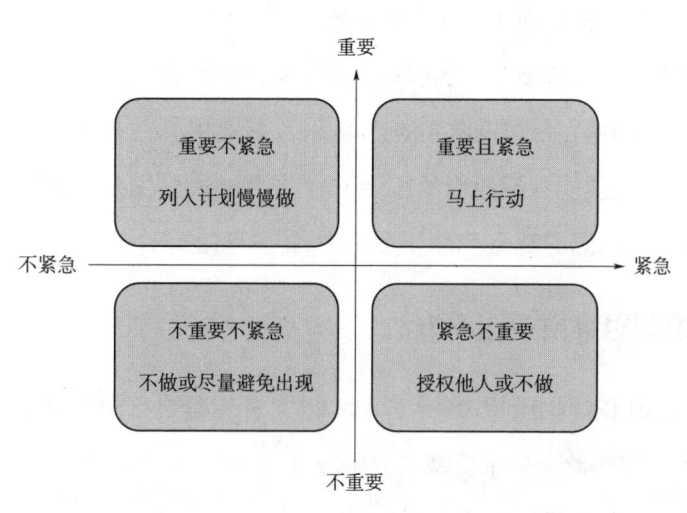

第四章　系统输出：学习吸收率超 75% 的方法

图 4-1　时间管理四象限图

将思维结构外显化、可视化的过程。绘制出来的图，能将思维模型中的关键要素、逻辑关系形状清晰地呈现出来，这种视觉信息比口头表达和文字表达更直观、简洁有力，也更方便记忆和理解。

2. 为什么要通过绘图来展示学习成果

一是培养高度抽象的提炼能力。

绘制思维模型图，是将复杂的文字内容，用简洁的语言、图像，以一定的逻辑关系展现在一张图里面。在这个过程中，需要提炼关键词、匹配模型、校准逻辑，能培养一个人高度抽象的提炼能力。

二是将个人的知识体系和思维体系图像化。

如果遇到一个问题，总是要靠嘴说，或发一篇长长的文章给别人看，那是非常麻烦的。而一张图就能清晰地传递出个人的知识体系和思维体系。比如，我在与咨询者讨论家庭关系相关的问题时，就会直接把家庭关系图发给他，对照图来解读，既能节约彼此沟通的时间成本，又能让他快速抓住其中的逻辑性和关键点。

三是有利于价值观和方法论的传播。

相较于文章的传播速度,视频化或图像化的知识更容易得到传播。比如罗振宇、刘润等在每年做跨年演讲直播时,就会用PPT展示自己的价值观和方法论,随后就能看到他们的很多PPT图片在微信朋友圈传播。因为很多人都将自己认同的观点PPT下载下来,转发到微信朋友圈。

3. 绘制思维模型图的方法

那么,如何掌握绘制思维模型图的能力,并拥有自己的思维模型呢?接下来以使用PPT绘制思维模型图为例进行讲解。

第一步,自学PPT入门技能。

平时提炼思维模型打草稿的时候,可以在白纸上手绘,但如果要分享或传播出去,建议在PPT上绘制出好看的思维模型图。

虽然说人人都会一点PPT技能,但要将PPT技能用于制作思维模型,还是需要从PPT的入门技能系统地学习一下比较好。可以从市面上购买PPT入门课程,或者购买PPT技能相关的书籍开始学习。

第二步,搞懂"思维模型"这个知识体系。

我个人比较常用的模型包括马斯洛需求层次理论、时间管理四象限法、SMART分析法、PDCA工作循环法、5why法则、二八法则、乔哈窗口理论、三环理论、金字塔模型、漏斗模型、情绪能量层级图、邓宁—克鲁格效应、黄金思维圈、微笑曲线、营销4P理论、华为三化理论、SWOT分析法等。

其中,我最喜欢也最常用的模型有三个,分别是黄金思维圈模型、金字塔模型和矩阵分析模型。

第一个模型,黄金思维圈。

即"为什么、怎么做、是什么",我在写文章时会用这个模型;我总结的"总结+反思+行动"的复盘模型本质上也是黄金思维圈;发现问题时,我习惯

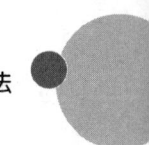

第四章 系统输出：学习吸收率超 75% 的方法

的思考方式就是分析问题并解决问题，本质上也是用到了黄金思维圈模型。

第二个模型，金字塔模型。

该模型包括马斯洛需求层次理论、学习金字塔等。我根据金字塔模型构建了几个自己的模型，比如观点金字塔模型和赞美金字塔模型等。

第三个模型，矩阵分析模型。

常见的有时间管理四象限法、SWOT 分析法等，我喜欢用这个模型，是因为它简单好用。比如，我构建的命运矩阵图，就是从"是否有钱"和"是否有健康的身体"进行分析的。

每个人的知识背景不同，对模型也有不一样的喜好，选择易于理解的模型，可以更好地帮助自己分析问题、解决问题，形成自己独特的"模型思维"体系。刘润老师说："顶级的人改变模型。"如果你就是一个普通的人，是否可以自己建立模型呢？

答案是：当然可以。

我根据自己写日复盘的经验，从中提炼出我的第一个"思维模型"，就是复盘模型，即"总结+反思+行动"，刚开始我没有思维模型的概念，直到后来在不断学习和教学过程中，发现这个复盘模型的本质就是黄金思维圈。也就是说，我写了那么多年的复盘，一直是用一个经典的思维模型去思考问题，这无形中锻炼了自己的模型思维。后来，我陆陆续续提炼出几个属于自己的模型。

很多咨询者好奇我为何能进行一针见血式的"本质思考"，我想这就是原因。积累了大量的经典思维模型，也建立了属于自己的思维模型，于是对"思维模型"这个概念也有了更深层次的理解。也完全理解查理·芒格的简单总结："能解决问题的有效策略，都可以叫作思维模型。"

比如，经典的思维模型、公司的项目流程、个人做事的原则、学习时发现的一套方法等，不论是一个关键词，还是一句话，还是一张关系图，都可以看作"思维模型"。

按这样的理解,时间四象限分析法是思维模型;我总结的"凡事事不过三"这句话也是思维模型;我画个三角形,从上到下分别写上"生活、工作和学习"三行字,也可以是思维模型;我画两个长方形,中间用一个箭头连起来,在左边的长方形中写上"输入",在右边的长方形中写上"输出",在箭头上写上"思考",也可以是思维模型;甚至我在本子上写下的"早睡早起"四个字也是思维模型,因为它指导我解决睡眠、休息和健康问题。

这样理解下来,思维模型有三个特点。第一,表述要简单。所有的思维模型都要尽可能简单。对原始内容进行简化,剥离不必要的细节,但要给出关键词或关系图的精确定义或解释。第二,体现底层规律。提炼出来的思维模型,能帮助自己进行本质思考,看到问题的核心。第三,实用性强。虽然思维模型是有前提条件的,但一般要具备普遍适用性,而不是局限于某一个小领域。当然,个人提炼出来的思维模型可能只适合自己,对自己来说有用也是可以的。

第三步,模仿并制作思维模型图。

说不如写,写不如画。一个人想得明白,不代表他能说得清楚;一个人说得明白,并不代表他能写得清楚;一个人写得明白,不代表他能画得清楚。刘润老师在《胜算》中说:"比写更厉害的,是总结出一个模型。能画出高度抽象、凝练的模型,说明你真的达到了融会贯通的程度。"他还用一张 PPT 图片画出了这句话的意思,如图 4-2 所示。

要想制作自己的思维模型图,要先学会先拆解再模仿。学习并拆解现有的"思维模型",再尝试将其迁移、运用到新的思维模型中。比如,我学习并拆解了马斯洛需求层次理论、产品金字塔、学习金字塔等模型,发现"金字塔模型"是一个更底层、更本质的思维模型,于是建立出"观点金字塔模型",如图 4-3 所示,精简地表达了观点的层次性。

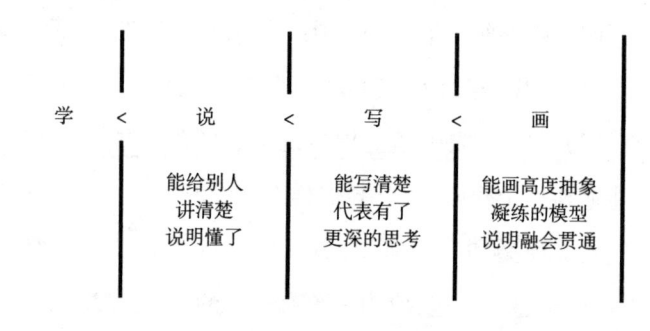

第四章 系统输出：学习吸收率超75%的方法

学 < 说 < 写 < 画

说：能给别人讲清楚说明懂了
写：能写清楚代表有了更深的思考
画：能画高度抽象凝练的模型说明融会贯通

图 4-2 《胜算》中的"学说写画"模型

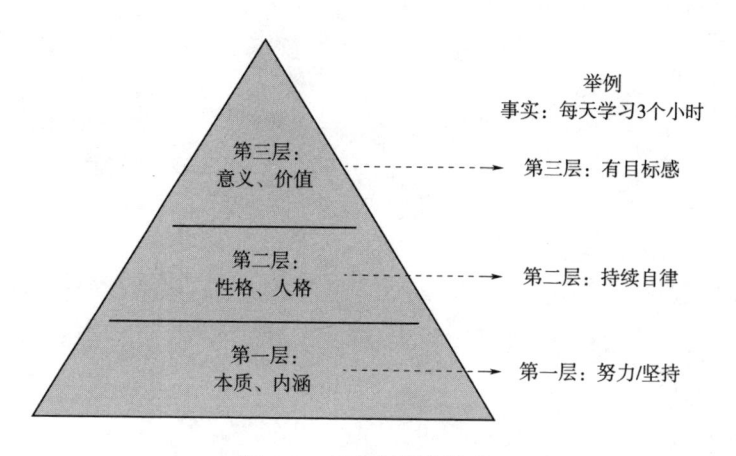

第三层：意义、价值
第二层：性格、人格
第一层：本质、内涵

举例
事实：每天学习3个小时
第三层：有目标感
第二层：持续自律
第一层：努力/坚持

图 4-3 观点金字塔模型

另外，想学会更好的建立模型的方法，还可以参考斯科特·佩奇在《模型思维》中提到构建模型的三种方法，分别是具身法、类比法和另类现实法。还可以参考平井孝志在《麻省理工深度思考法》中提到的建立模型的三个步骤：第一步，放入五个构成要素（"输入源""输出点""竞争关系""合作关系""影响者"）；第二步，增加模型厚度或层次；第三步，只看因果，无视相关。

我自己也总结了如何制作思维模型的方法，分为三个步骤：第一步，找到某件事背后具备本质意义的一句话，或画出一个关系图；第二步，通过大量实践，不断优化这句话或关系图；第三步，将这句话或关系图列为自己做人做事的原则。

比如,我用四个圆形组合在一起,画出了家庭关系图,精简地表达了家庭关系的本质,以及"我"与家人或亲戚之间的关系层次。

建立规则是为了打破规则,建立模型是为了打破模型。

所以,不能抓住一个模型一直用,那样会固化思维。要学会用批判性思维去学习模型、建立模型和运用模型,最终提升自己的模型思维能力,总结出一套属于自己的模型工具包,成为一个有智慧的人。

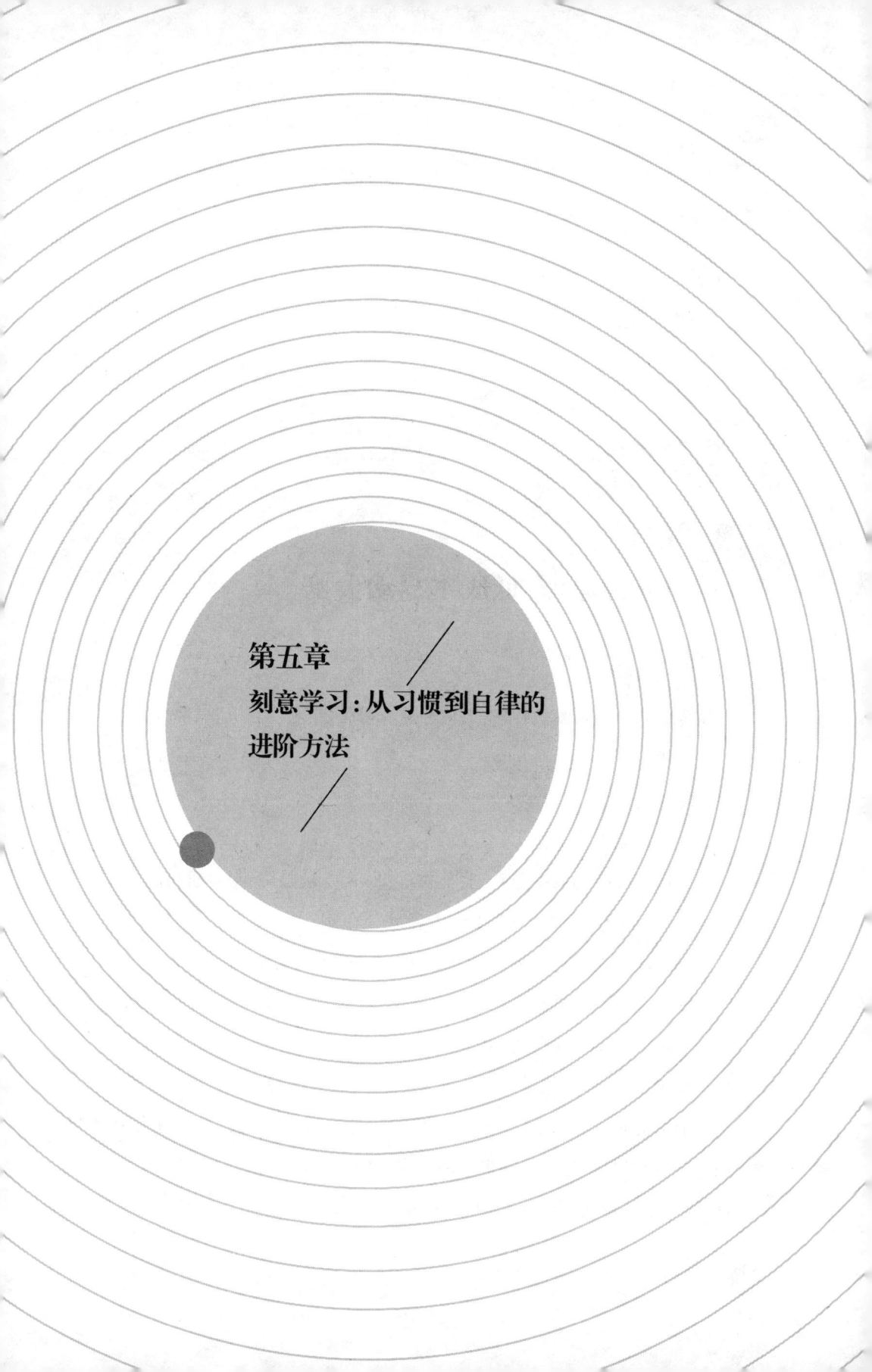

第五章
刻意学习：从习惯到自律的进阶方法

01
一分钟原理:低成本启动大脑

总以某种固定方式行事,人便能养成习惯。

——亚里士多德

一分钟能做什么?

上班族说:"给我一分钟,我能整理桌面、放松心情、起身扭扭腰、准备发言要点、整理电脑文档、回复工作消息、汇报工作。"

宝妈说:"给我一分钟,我能收衣服、扫一个房间的地、修一张图、发个微信朋友圈、泡杯茶,说不定我还能称个体重。"

学生说:"给我一分钟,我能记几个单词、记一个公式、分析一道错题、阅读一篇短文,也许还能看几条短视频。"

上面的一分钟,大多是把碎片化时间更合理地利用起来。有人愿意利用好这些时间,享受一分钟带来的成果。但是,也有人认为一件事只做一分钟,相当于没有做,那还不如干脆不做。

1. 一分钟原理的本质

一分钟有没有利用价值呢？不妨先看一个常见的生活场景，刷短视频的时候，刚开始只是看了一条视频，可能只有10秒，但因为永远不知道下一条视频是什么内容，就一条接着一条看下去，等缓过神来，可能60分钟就过去了。

如果把刷短视频的动作，换成看一分钟书、听一分钟课程、写一分钟文字，也容易被书、课程和文字所吸引，一不留神就能专注30分钟或60分钟。在需要长时间专注的事情里，一分钟并不能帮助自己马上完成这件事，但是最开始的这"一分钟"能帮助自己坐上滑梯并一滑到底。

<u>一分钟原理的本质，不是在碎片化时间里用一分钟完成某件事，而是通过降低心理预期，让自己低成本启动大脑，快速进入做事的状态。</u>

所以，一分钟原理是人们低成本启动大脑的关键方法。它既能让自己保持良好的习惯，又能让自己有信心挑战困难的事。下面讲述的一分钟原理能让害怕困难的你，轻松迈出培养习惯和自律的第一步。

<u>什么是"一分钟原理"？就是通过设置一个"一分钟"的时间限制，来启动一个看似庞大或复杂的任务，从而降低行动门槛，增加执行的可能性和持续性的原理。</u>它结合了"微习惯"和"最低动作"这两个方法，微习惯是一种非常小的正向习惯，小到几乎不可能失败，例如每天读一页书或做一个俯卧撑。最低动作则是指完成一个任务所需的最小、最基本的步骤。一分钟原理正是结合了这两者，通过设定一分钟限时任务，鼓励人们以最微小的努力开始，进而逐步培养习惯并达成长期目标。

比如，当纠结要不要看书的时候，就可以告诉自己先把书打开，看一分钟。如果你能继续看下去，那就说明一分钟原理发挥作用了；如果你真的只看了一分钟就选择结束，也能保持看书的最低动作。从自我效能感上看，一

分钟原理能让你感觉当下做了某个任务,增强对完成某个任务的信念,也能激发持续行动的动机。正如著名教育家班杰明提出"一分钟效应"中所说的:"一分钟的时间可以做许多事情,可以改变许多事情。"

2. 为什么一分钟原理能低成本启动大脑

一是降低心理门槛,快速进入状态。

从脑科学角度来看,大脑对于微小的、可预见的变化更容易接受和适应。当面对一个巨大的任务时,大脑可能会因为恐惧和抗拒而阻碍行动,而一分钟限时任务则降低了这种抗拒感,使得大脑更容易进入工作状态。换句话说,最简单的目标往往也是最好的,因为人们总是愿意坚持做那些比较容易的事情。

二是增强自信心。

当完成了一分钟的微小动作后,就有一种成就感,这种成就感能激励自己持续坚持。正如我常说:"做了就是 100 分,不做就是 0 分。"哪怕只做了一分钟,就是 100 分,这极大增强了大家持续学习的自信。

我的日常工作是咨询和写作,写篇文章对我来说是非常简单的,但我面临写课或写书的时候,也容易被这个巨大的困难吓退。所以,我就采用了一分钟原理来应对写课或写书这样困难的事。在没有状态和思路的情况下,又必须写,我就打开一个空白文档,先写上标题,然后把自己的想法用关键词写进文档中,一分钟后,我就进入了写作状态。

3. 运用一分钟原理的方法

那么,如何运用一分钟原理,并把一件困难的事坚持下去呢?下面是运用它的三个步骤。

第一步,设定一分钟目标。

当你遇到一件很困难但又必须得做的任务时,首先要设定一分钟目标。

第五章 刻意学习：从习惯到自律的进阶方法

比如，你想阅读《原则》这本书，那么你的一分钟目标是"翻开《原则》读一页"；如果你想运动，那么你的一分钟目标是"做 10 个深蹲"。

细心的你会发现一个神奇的现象，在设定一分钟目标时，你可能只需要几秒的思考时间，却是完全遵循 SMART 原则来设定目标的。S 代表目标是具体的，翻开《原则》读一页；M 代表目标是可衡量的，就是读一页；A 代表目标是可达成的，读一页很轻松就能达到；R 代表动作与目标具有相关性，翻开的就是《原则》这本书；T 代表目标有明确的截止时间，就是只用一分钟。

第二步，立即行动。

设定一分钟目标后，要立即行动。不要拖延或找借口，不要被其他事情打断，不要去刷手机，不要发呆。因为一分钟时间真的很短，很容易就能开始。记住，<u>只要开始迈出第一步，你就已经成功了一半</u>。

还以阅读《原则》这本书为例，不要纠结从哪一页开始看，随机翻看一页，马上开始读起来。不管你是快速阅读，还是逐字逐句读，重要的是在这一分钟里，读完这一页。然后再决定是结束，还是继续读下去。

第三步，完成目标或持续进行。

一旦开始执行一分钟原理，就要持续坚持下去，并且根据实际情况进行调整。如果你发现自己在某个任务上能够坚持更长时间，那么可以适当增加任务时长。比如，读完《原则》的一页之后，你对其内容感兴趣，也愿意继续读下去，就可以一直读到你最初设定的 30 分钟，或者读到你累了为止。

如果你发现自己在某些任务上遇到了困难，那么可以尝试将任务分解成更小的步骤。也就是说，当你在这一分钟里，对任务目标感到强烈抵触时，可以让自己后退一步，继续缩小目标。比如，当你做完 5 个深蹲后，发现自己的腿在发抖，这时候可以将一分钟 10 个深蹲的目标进行调整：一种是一分钟完成 5 个深蹲；另一种是把深蹲换成体前屈，坚持一分钟的体前屈更容易完成。最终都能让自己在运动这个目标上有一个开始。

02

一心二用：边做事也能边学习

时间是由分秒积成的，善于利用零星时间的人，才会做出更好的成绩来。

——华罗庚

很多人觉得自己做不到一心二用，但事实上，在下列生活场景中，他们却能把一心二用做得非常好。

> 开车时导航：驾驶汽车时，能一边关注路况和行驶方向，一边听导航播报，偶尔还能看一眼导航屏幕。
>
> 运动时听音乐：在进行跑步、健身等运动时，能一边完成运动动作，一边听着蓝牙耳机里传来的音乐或课程。
>
> 做饭时与人聊天：在准备饭菜或烧菜的过程中，能一边完成炒菜，一边和家人、朋友聊天。

第五章 刻意学习：从习惯到自律的进阶方法

> 旅行时拍照和发微信朋友圈：在旅行过程中，可以一边看风景、逛街或吃饭，一边拍照、记录见闻发到微信朋友圈。
>
> 购买时比较价格：在超市或网上购物时，可以同时比较多个商品价格、参数和评价等信息。

你会发现，这些场景大多数你都能做到。所以，你也可以学会"一心二用"，利用碎片化时间，一边做不那么重要的事，一边保持学习。比如，等公交地铁时看书、跑步时听书、上班午休时写复盘。

1. 一心二用的本质

一个人的时间是有限的，但合理分配注意力，就能在有限的时间内做更多的事。

一心二用的本质，不是为了偷懒而分心做其他事，而是主动分配注意力到两件不同的事情上。换句话说，当不断刻意训练分配注意力的能力时，就能获得更多的额外时间。同样是一天 24 个小时，如果每天有 3 个小时能做到一心二用，那一天就拥有 27 个小时。

所以，一心二用是实现碎片化学习的重要方法。"一心二用"是指一个人在同一时间段内，同时处理两个或两个以上任务或活动的心理状态。大脑具有并行处理信息的能力。大脑不同区域可以同时处理视觉、听觉和感觉等信息。看书时听音乐，就是大脑分别处理音乐和文本信息，一心二用正是利用了这种并行处理能力。

一心二用不是平均分配注意力在两个不同的任务上，而是能灵活地分配或转移注意力，使得多个任务并行。比如，等公交时看书，只需要 30% 左右的注意力关注车辆是否到站，剩下 70% 左右的注意力都可以投入看书。跑步时听书，则需要 70% 左右的注意力分配给跑步，剩余 30% 的注意力用于听书。

一心二用不同于注意力分散,注意力分散是在不同任务之间频繁切换,目的是拖延或逃避正在做的任务,最终导致效率低下。一心二用是主动将个人注意力合理分配到两件不同的任务上。在使用一心二用时,分两种情况:第一种是同一时段内同时处理两个任务,比如跑步时听音乐、开会时做笔记;第二种是同一时段内,按顺序处理两个任务,或在多个任务之间来回切换,比如上午8点至9点这一个小时里,一边听会议,一边用电脑回复邮件,听到重要内容时注意力放在听会上,听到不重要的内容时,马上切换到回复邮件。

2. 为什么需要学会一心二用

一是能在多任务处理中提高工作效率。

互联网时代,信息呈现爆炸式增长,为了有效筛选和利用这些信息,人们需要具备同时处理多个信息源的能力。尽管大脑具有并行处理事情的能力,但注意力资源是有限的。负载理论表明,当前任务的知觉负载高低决定了选择性注意过程中的资源分配。如果知觉负载较低,则多余的注意资源可能会分配到其他任务上,从而实现一心二用。而一心二用能在工作场景中,同时处理多个任务,比如在开会时记录要点或回复邮件,这样可以合理分配注意力资源,有效利用时间,提高工作效率。

二是提高思维速度。

在训练一心二用时,是如何一步步提高思维速度的呢?先在简单的场景中适应这种方法,比如一边跑步一边听书、一边整理衣橱一边听书;然后再挑战复杂的多任务切换,比如一个小时内,在回复邮件、开会、与下属一对一沟通中来回切换。假设你能一边跑步一边把听书加速到2.0倍速,或者在多任务切换时,将每一封邮件的回复时间限定在3分钟内、每一次与下属一

第五章 刻意学习:从习惯到自律的进阶方法

对一沟通限定在 10 分钟内;最后,考验自己的是一边听对方的提问一边思考解决方案,因为有些事需要听完提问马上给出解决方案,而不是说"等我想一会儿再告诉你"。

在一对一咨询中,很多咨询者的问题并没有事先发给我,而是直接说"老师,我还有一个问题想问你"。作为咨询师,我需要在听完提问后的几秒之内,给予分析和反馈,并在反馈的过程中思考出新的提问或解决方案。这种反应速度,需要做到一心二用,也就是 50% 的注意力用于听对方提问,50% 的注意力用于思考问题的原因和解决方案。对方话音一落,我就需要按思考后的流程或方法给到回应。

3. 一心二用的方法

那么,如何学会一心二用,并做到多任务处理呢?有三个训练方法。当然,这些方法并不适合高度集中注意力的任务。在专注时段内,要尽可能避免分散注意力,而做普通任务时,可以一心二用。

第一,任务模块来回切换。

任务模块来回切换,不仅需要合理分配注意力,同时还要学会在不降低任务效率的前提下,做到注意力快速切换。在生活和工作场景中,可以做出以下尝试:

(1)同一个时间段内,在多个小的工作任务中来回切换。

比如,回复完一封邮件后,马上回复微信工作群内的消息,然后继续回复下一封邮件。

(2)同一时间段内,处理一个大的工作任务,要在工作任务和休息任务模块中来回切换。

比如,连续写工作汇报 60 分钟后,进行 5 分钟冥想,冥想任务模块结束后,继续写工作汇报。

（3）同一个时间段内，处理大小不同的多个工作任务时，需要根据任务的重要及紧急程度按优先级进行交叉安排。

比如，上午8点至12点这4个小时：8点至9点参加重要的会议，需要一边认真倾听一边做会议笔记，没有与自己相关的内容时，就切换到回复工作邮件模块中；9点至12点需要集中注意力撰写重要的工作汇报，就可以分3个循环：安排撰写汇报40分钟、冥想5分钟、休息5分钟、回复微信工作群内消息10分钟，然后继续撰写汇报40分钟，一直循环到12点进入午饭和休息时间。

第二，交叉阅读法。

在学习方面，可以通过练习交叉阅读法来训练一心二用。<u>交叉阅读法是建立在番茄钟的基础之上</u>，在两个小时内，每一个番茄钟切换一本书。这样训练有三个好处：一是，阅读本身就能获得新信息和知识，并且能提高阅读兴趣；二是，训练自己的自律能力，对于喜欢的书要懂得克制，对于不喜欢的书要做到坚持；三是，在训练专注的同时还能学会快速切换任务，进入下一项需要专注的任务。

所以，<u>交叉阅读法的本质，也是训练不同任务模块之间的来回切换</u>。在单个任务模块之内要做到集中注意力，在切换到新的任务模块时，通过5分钟休息进行缓冲，快速进入下一个任务模块。

这个方法起源于2014年，我参加工作的第二年，也是持续阅读的第二年。因为我买了很多书，有工作需要的专业内容，有自己爱好的散文、古诗词等文学作品，还有一些人物传记、逻辑思维、经管励志类。所以，在有限的业余时间里，我需要快速将它们读完。但是，一本一本看实在太慢，于是每到周末，我就会拿出6~10本不同类别的书，另外准备笔、便签和水，坐在出租房门口，一会儿翻这本，一会儿翻那本，经常一看就是几个小时。

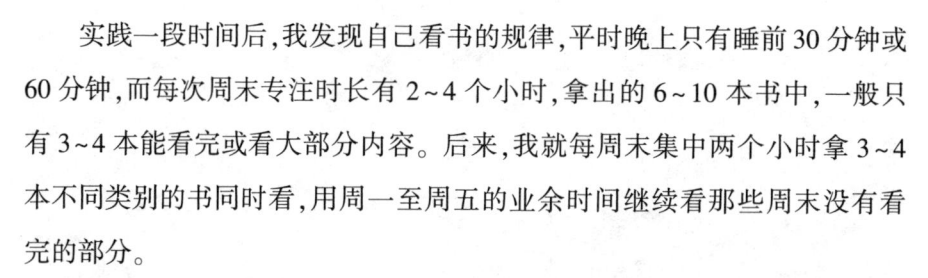

第五章 刻意学习:从习惯到自律的进阶方法

实践一段时间后,我发现自己看书的规律,平时晚上只有睡前30分钟或60分钟,而每次周末专注时长有2~4个小时,拿出的6~10本书中,一般只有3~4本能看完或看大部分内容。后来,我就每周末集中两个小时拿3~4本不同类别的书同时看,用周一至周五的业余时间继续看那些周末没有看完的部分。

假如一天有两个小时用于看书,准备了心理学、逻辑学、职场沟通和个人成长四本不同类别的书,以30分钟为一个单位看一本书(实际是25分钟一个番茄钟+5分钟的休息),第一个番茄钟看你喜欢的个人成长,第二个番茄钟看有点难的逻辑学,第三个番茄钟看当下需要的职场沟通,最后一个番茄钟看你感兴趣的心理学。需要强调的是,<u>这里所说的30分钟看一本书,并不是要把整本书看完,而是一个番茄钟内能看多少页就是多少页,不用刻意追求速度</u>。

4. 固定场景做固定的分心动作

在训练一心二用时,非常关键的一点是,至少有一个任务是你高度熟练或完全形成自动化的。这样你就可以将大部分注意力集中到另外一个任务上。比如刚拿到驾照的新手,几乎要集中所有注意力于驾驶汽车,包括关注路况、行驶方向、看后视镜、听导航的播报等,这个阶段甚至都没办法和旁边的人说话,更不能去听书。等成为老司机之后,开熟悉的上下班路线,完全不用导航,就能做到一边开车一边听书。

这样,就能得出一个结论,在固定的场景下,可以做固定的分心动作,来训练一心二用的能力。举例如下:

- 一边开会,一边记笔记或回复邮件。
- 一边接电话,一边浏览邮件内容。
- 一边洗菜做饭,一边听播客。

155

- 一边和客户沟通,一边修改文案。
- 一边读书,一边记笔记。
- 一边复习资料,一边听课程录音。
- 一边写文章,一边看多份参考资料。
- 一边做家务,一边背单词。
- 一边整理衣橱,一边听书。
- 一边看电视,一边做手工。
- 一边开车,一边听广播或听书。

需要注意的是,一心二用并不总是可行或有益的。像开车、做手术等需要高度集中注意力的任务,采用一心二用可能会导致危险或错误。因此,在决定同时处理两个任务时,请务必考虑任务的性质和后果。

03

计划与执行：一项一项勾掉要做的事

在准备战斗时，我总是会发现计划毫无用处，但计划的过程却是必不可少的。

——艾森·豪威尔

计划总是完美的，而执行的时候总会大打折扣。

你是否有过这样的经历？年初做了很多计划，一年看 10 本书、学习 3 个课程、考 2 个证书、列出 100 个年度愿望清单，但最终这些计划大部分都没有完成。到年底复盘的时候，后悔自己浪费了太多时间，决定改过自新，重新制订新的年度计划，第二年却仍然重蹈覆辙。

事实上，很多人只理解了计划的表面意思，并没有真正理解制订计划的深层本质。

不少人按我的方法列出自己的计划和日程安排表，他们把自己的 24 小时排得满满的，感觉自己一下子就能高效起来。但没执行几天，就发现大部分事情并不能像计划的那样发展，每天都有很多项工作或学习任务没完成，这让他们很有挫败感。

很明显，他们在计划表中高估了自己的能力，低估或忽略了外部环境以及自身拖延带来的不确定性。没能按原计划完成工作和学习任务，他们就开始自我怀疑，然后逐渐放弃计划，也就更谈不上继续执行。这不仅是因为他们把计划塞得太满，更是因为他们把计划看成一个确定性的结果，以为制订了计划，这些事就都能搞定。

1. 计划与执行的本质

<u>一个人执行计划的能力，并不在于他是否完美完成计划，而在于他是否一直在坚持执行计划。</u>

<u>计划的本质，不是简简单单的一份待办清单，而是对未来不确定性的预判。</u>换句话说，在执行计划的过程中，当遇到不确定性因素干扰计划执行时，说明原来对事情的判断出现了偏差。这个时候不要去抱怨计划或干扰因素，而要马上调整计划，进入下一阶段的执行。

所以，计划与执行是一个人做到自律的前提。它来源于高效 PDCA 的循环，即计划（plan）、实施（do）、检查（check）、调整（adjust），这一节主要探讨前两步，下一节将会探讨后两步。根据 PDCA 循环总结出计划与执行的具体方法，能让讨厌做计划的你，不仅喜欢做计划，而且能提高执行力，进而培养习惯和自律。

什么是计划？广义上的"计划"，它包括目标、规划、计划和安排，涵盖日常生活工作中大家常常提到的个人计划、年度计划、项目规划、职业生涯规划等。而<u>狭义上的"计划"是对近期重要活动所作的局部性、短期性、具体性的思考</u>。

而这一节所探讨的"计划"是狭义上的"计划"。为了更好地理解狭义上

第五章 刻意学习：从习惯到自律的进阶方法

的"计划"，需要先从广义上的"计划"出发，去了解和区分几组概念：目标、规划、计划、安排。

所谓"目标"，原意是指射击、攻击和寻求的对象，这里的目标是客观存在的；引申含义是一个人做某件事想要达到的境界或标准，这里的目标是一种主观设想。

所谓"规划"，是指个人或组织制订的比较全面长远的发展计划，是对未来整体性、长期性、基本性问题的思考和考量，设计未来整套行动方案。

所谓狭义上的"计划"，是指对近期重要活动所做的事提前预测、安排和应变处理，是对近期局部性、短期性、具体性问题的思考。

所谓"安排"，是指拜托他人帮忙处理某件事，或让自己在某个时间段实施具体的计划。比如，领导安排事情给下属。或者让一个人完成某件事，我安排上午8点至11点写作2 000字，这里的"安排"是指短时间内可以完成的可量化、可执行的动作。

简单来理解一下目标、规划、计划、安排四者之间的关系，如图5-1所示。

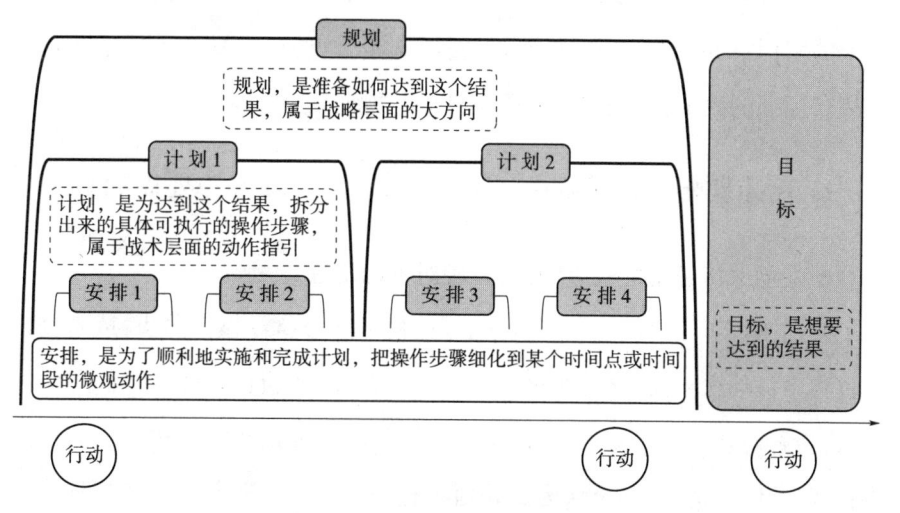

图5-1 目标与规划体系的关系图

比如，我 2023 年度的目标是"百万输出"。"目标"，是一年写作 100 万字。对应的"规划"，是写 10 个课程，完成 80 万字；写公众号文章，完成 20 万字。具体"计划"，是列出 10 个要写的课程名称、字数，不同的月份写不同的课程，拆解到每一个写作日，完成 4 000 字/天。日程"安排"，是指安排早上 5 点多至 7 点多写 2 000 字，上午 8 点至 11 点写 2 000 字。

在目标、规划、计划、安排四个词前面，如果加上组织、单位、公司、个人等词，就是指一个组织或个人的目标、规划、计划、安排；如果加上人生、十年、年度等词，就是从时间维度去思考计划。

以"个人规划"为例，就可以组合成个人职业生涯规划、个人十年规划、个人年度规划，是指一个人根据自己不同时间段的目标，设计出来的全面、长远的战略与方案。王钺在《战略三环：规划、解码、执行》中说："战略是实现组织整体目标、赢得竞争的根本方法与手段。"他在书中提出战略三环模型，也就是规划、解码、执行。如果运用到个人规划上，解码就是"计划"，执行就是"安排"。

经常听到别人说，要像经营企业一样经营自己，但并不知道怎么做。广义上的"计划"中，目标、规划、计划、安排这四个点，让我学会了从企业目标与战略规划的高度，去制定个人职业目标与规划。

2. 在计划与执行过程中，为什么要一项一项勾掉要做的事

一是要保持稳定的情绪状态，以应对不确定性。

假如制订了完美的计划，却在执行过程中随心所欲做一些事，或者在执行过程中被他人干扰，被迫去做一些与计划无关、与自己无关的事。一天结束后，会发现重要的事都没做，而是干了一些不重要的琐事。进而因此而产生自责、后悔等情绪，甚至认为做计划没有任何用。当照着当天的计划一项一项勾掉要做的事情时，即使没有全部做完，至少也能完成 60%～80%。这

能保持稳定的情绪状态。即使花一些时间处理突发紧急事件,也不会影响整个计划的推进,因为当天没有完成的计划还可以迭代进后续的日程安排中。

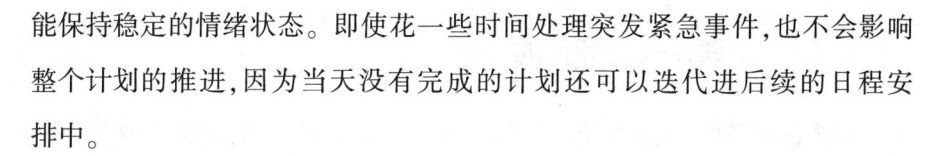

二是让自己看到进步的成果,提高执行的自信心。

政治学家威尔逊和犯罪学家凯琳提出了一个"破窗效应"理论:如果有人打坏一幢建筑物的窗户玻璃,而这扇窗户又得不到及时维修,别人就可能受到某些示范性的纵容去打烂更多窗户。久而久之,这些破窗户就给人造成一种无序的感觉,结果在这种公众麻木不仁的氛围中,犯罪就会滋生、猖獗。

破窗理论用于个人计划和执行方面,也是如此。如果制订了计划,一天下来始终没有完成任何一项,第二天、第三天,就会任由自己放纵下去,最后干脆破罐子破摔。但是,当开始勾掉计划中的第一项日程安排时,就能看到自己执行和进步的成果,这种视觉化的操作能增强自信心。

为了提高执行力,我每天的日程安排,刚开始都会给自己布置两项非常简单的任务,就是起床后喝一杯温水,然后进行 5 分钟放松。在起床后短短几分钟时间里,我就能勾掉两项日程安排,保证自己一天能量满满。

哈佛大学对一群智力、学历、环境等条件差不多的年轻人展开了一项调查,调查结果发现:27% 的人没有目标,60% 的人目标模糊,10% 的人有清晰但比较短期的目标,3% 的人有清晰且长期的目标。看看自己在哪个区间,如果是在前 87% 的区间,就得赶紧制定人生目标,拆解人生目标,制订可执行的计划。

有人曾说:"对于过于复杂和宏大的目标,人们往往会举步维艰,不知道如何下手,它就像一个烫手山芋。找到方法能帮助有梦想却不知道如何行动的人,找到有效的方法。就像攀登泰山天门前的那 108 级台阶一样,有路可走。"

3. 制订计划并执行到位的方法

那么，如何制订计划并执行到位，一项一项勾掉要做的事呢？我把自己平时做计划与执行的具体方法分享出来。

第一，制订计划。

有年度目标和年度规划，并不意味着就能拥有100%的执行力去执行规划，完成目标。要想做到接近100%完成目标，需要进一步拆解，将年度规划拆解为月度计划、每周每日的安排。形成一个年度规划体系，需要按五个步骤制订计划。

第一步：设置年度目标关键词与关键数字目标。

预设年度目标关键词的作用是，方便好记、锚定效应，让自己始终专注核心目标。所以，每年我都会在年底预设下一年的年度目标关键词，比如2023年的年度关键词是"百万输出"。另外，还要设置关键数字目标，是指这一年中在所有项目中最重要的，或者归纳出来的一个重要的数字目标。比如，我在2023年的年度规划中设定了两个关键的数字目标：一年写作100万字、年收入60万元。

第二步：将年度目标拆解为年度规划。

我习惯采用的方法，是将人生目标分成三个逻辑层次，分别是年度关键词、人生三维度、每个维度中的身份或角色，之后再对每个身份或角色进行的具体数字拆解。

每个层级之间，形成逻辑递进关系，年度关键词拆解成生活、工作和学习三个维度，每个维度下面可以再拆分三级子目标，每个子目标也是保持不要超过2~3个维度。这样一来，只需要记住年度目标关键词，就能始终牢记自己在生活、工作和学习三个维度的子目标。

为什么人生目标要分层次、分维度去拆解？

第五章 刻意学习:从习惯到自律的进阶方法

首先,目标太大、太多,容易导致目标模糊。假如年度目标,只有一个关键词"自由",没有具体针对"自由"这个目标的拆解,很快就会目标模糊。假如直接在纸上列出 5 个、7 个、9 个甚至是 50 个具体的目标事项,就会导致目标太多,最后不知道哪个先做、哪个后做,或许连本子上写了多少个目标都不记得了。

其次,"凡事有三"逻辑。在列目标的时候是感性的,想到多少列多少,但是做起事来却又是理性的。比如做这件事需要多久,能给我带来什么好处,我先做几次尝试一下,等等。我在做思考时,总会以"凡事有三"作为指导原则。比如,分析一个事件从三个角度入手,做一件事分三个步骤行动,回答一个问题从三个层面思考。

那么,我做年度目标拆解时,也是按这个逻辑来操作的,横向三个逻辑层,竖向按三个维度展开,这样几乎不用刻意记忆,在写完这些人生目标时,通过年度目标这个关键词,就能按照逻辑链想到具体的目标是什么。

最后,三个维度拆解目标有利于执行。大部分人制定目标只关注工作,忽略了学习和生活,就算实现了目标,升职加薪了,但是发现生活依旧不幸福,工作压力也随着升职而骤增。但是,如果一开始就从生活、工作和学习三个维度平衡好一年的目标与拆解,在实际执行的过程中,就不会偏离人生主要方向。

第三步:将年度规划拆解成月计划。

根据这一年要完成的项目,分成全年要完成的常规项目和分阶段完成的阶段项目,拆解到每个月具体完成多少数量。对于阶段项目,要确定在什么时间段内完成。

第四步:将月计划拆解成每周每日的日程安排。

有了月计划,就能轻松将其拆解为日程安排,算出一周要完成多少量,一天要完成多少量。本月有哪些常规项目,有哪些阶段项目。根据自己对不同时间段的时间利用率,合理安排进不同的时间点即可。

第五步:记录日程并做好周复盘、月复盘。

设计出一个适合自己的复盘模板(文档或表格都可以),根据复盘模板记录好实际完成事项,并对一周的生活、工作和学习状态进行数据汇总、文字复盘,实时调整自己的日程安排。

前四个步骤,可以参考"江武墨"公众号中标题为《墨墨规划 | 2023年之"百万输出",挑战一年写作100万字》的文章,里面详细介绍了我是如何拆解目标,完成年度规划体系的。而第五步的内容,可以参考我在公众号日常发布的周复盘和月复盘等相关文章。

根据这五个步骤,就能轻松地将年度规划拆解为可执行的动作,我用这套方法很多年,也正是因为这套方法,让我越来越自律,也实现了自由自在的梦想。

另外,在做计划时,要学会给自己留白。所谓留白,就是在自己的生活、工作和学习整个进程中,主动安排休息,让人生有呼吸感、有节奏感。留白的另一个作用是用于应对突发情况。比如,每天留白一个小时,每周留白半天,每个月留白1~2天。

第二,绝对执行。

有了周密的计划,执行起来就相对简单,只需要日复一日坚持按计划中的事项完成。对于当天未完成的事项,及时优化进后续日程安排中即可。但是,在执行过程中,可能会遇到三种困难。

第一种困难:因为轻松完成而得意忘形。

这可能是在制订计划过程中,对任务难度或个人工作效率预估不准,每天都能轻松完成当天的任务。这种情况下,要重新估算任务难度和个人工作效率,优化新的日程安排,让自己在同样的时间内做更多的事。

第二种困难:因为畏难而产生拖延、逃避或放弃。

有时候遇到比较困难的任务,可能会选择跳过它去做更简单的任务,等一天结束才发现那个重要的任务还没有完成。这种情况下需要将这个重要任务继续拆解和细分，拆到自己不认为它是一件困难的事。比如，写一篇文章是困难的任务，而拆解写文章的任务，就可以分为找素材、构思大纲、撰写初稿、修改文章等几个小任务。

第三种困难：因为追求完美而困住自己或直接放弃。

如果说执行计划的过程中会遇到什么困难，大概就是完美主义，总想着能100%完成当天的日程安排。所以，对于克服完美主义，需要牢记一条原则："先完成，再完美"。对于这条原则，有三层含义：第一层，只要做了，就是一种完美；第二层，只有做了，才有迭代的机会；第三层，只有做了，才有成功的可能性。

04

检查与调整：别让糟糕的感觉欺骗了你

习惯不加以抑制，不久它就会变成你生活上的必需品了。

——奥古斯丁

在使用PDCA循环的过程中，可能会遇到各种各样的阻碍和困扰。

> "每次制订完计划，第二天执行的时候，总是计划赶不上变化。"
> "一看到日程安排表还有那么多项没有完成，我就开始不安。"
> "每天只要有一两项计划没有做，第二天我就开始放任。"
> "在制订计划并执行之后，我总是懒得复盘，久而久之就会依赖于原有的计划，每次当我遇到突发情况时，节奏就全乱了。"

事实上，哪怕对执行的计划做到绝对执行，一项一项勾掉要做的事，仍然会产生一些糟糕的感觉，比如骄傲、贪婪等。如果在执行计划时有一种毫不费力的感觉，那说明计划有问题，这时候就需要检查和调整。

1. 检查与调整的本质

执行计划后进行检查与调整,不仅能做到自我监督,保证计划完成,而且能戒骄戒躁,保持谦虚谨慎的心态。

<u>检查的本质,不是简单核对计划是否完成,而是对过去工作经验的总结,以更好地调整计划</u>。换句话说,检查起到一个承上启下的作用,在检查执行情况的过程中,要通过分析数据和事实,复盘出有效经验,为调整计划做好充分准备。

所以,检查与调整是一个人做到自律的保障。根据 PDCA 循环总结出检查与调整的具体方法,能让时而走偏方向的你,重回正轨。

什么是检查与调整?它是高效 PDCA 循环的后两步。"检查"是评估执行结果与计划是否一致,是否达到了预期目标,并对存在的问题和原因进行分析。"调整"是根据检查结果对原计划进行修订和改进,将成功的经验或失败的教训纳入新的计划,对未解决的问题进行新一轮的 PDCA 循环。

所以,检查与调整合在一起,就是做一个完整的复盘,首先总结执行完成的数据、结果和事实,将实际结果与计划目标进行比较和分析,发现问题和不足,然后分析问题产生的原因和本质,最后列出新的行动计划。

2. 为什么要在执行后做检查与调整

一是确保目标达成与持续改进。

很多人都经历过找人帮忙办事,如果不去追问进度,很多时候这件事就会不了了之。就像在工作中领导派一个活,但没讲什么时间要提交或汇报,他也没有来检查,这件事到最后大概也是抛之脑后了。不管是做自己的事,还是帮别人做事,都要在执行后做检查,这样才能增强执行力,确保达成计划时的目标,再基于检查结果修订出新的计划,有利于提高做事效率。正如靠谱的人都能做到"凡事有交代,件件有着落,事事有回音"。

二是优化个人注意力资源的分配。

在检查过程中,通过分析数据能得到做事的效率,针对不同的事情更合理地分配时间和注意力。这样一来就能将重要的事情放在精力状态好、注意力集中的时间做,将不那么重要的事情放在精力状态一般及注意力分散的时候。通过合理分配时间和注意力资源,就能避免资源浪费和效率低下。

三是促进个人成长和创新。

在 PDCA 循环中,每一次检查与调整都是对经验和教训的积累。这些经验可以为未来的项目或流程提供有益的参考和借鉴。一方面,可以在这个循环中快速成长,提高创新能力;另一方面,还可以将这些经验分享给他人,带动身边人一起成长。

在执行计划时,我会每天、每周、每月、每年进行一次检查与调整。比如,每天中午、下午和睡前分别记录一次日程,一项一项勾掉已经完成的事项,对于没有完成的事项,如实地打叉。每当看到绿色的钩非常多,我就有很大的成就感,身体充满能量。一旦看到红色的叉比较多,就会马上复盘自己的时间、精力和注意力,是否被更加重要和紧急的事情中断原计划的执行。紧接着,对当天未完成的事件进行调整,优化进后续的日程安排中完成。

3. 检查与调整的方法

那么,如何在执行后做检查与调整,让自己更好地完成计划?可以通过"复盘"来完成检查与调整。

执行人生目标的步骤,分为计划、执行和复盘。计划与执行在上一节讲过了,而检查与调整就包含在日常的复盘体系中。其中,复盘中的学习完成情况、收获部分、不足部分,是属于 PDCA 循环中的"检查";复盘中的行动部

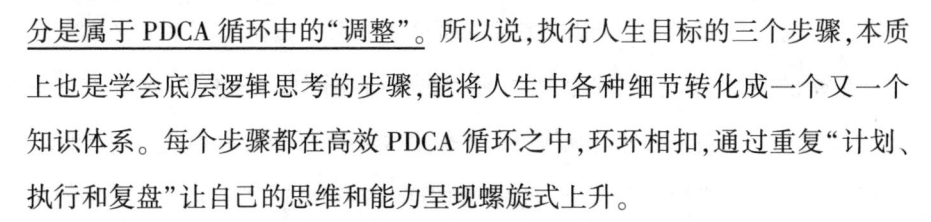

第五章 刻意学习：从习惯到自律的进阶方法

分是属于 PDCA 循环中的"调整"。所以说，执行人生目标的三个步骤，本质上也是学会底层逻辑思考的步骤，能将人生中各种细节转化成一个又一个知识体系。每个步骤都在高效 PDCA 循环之中，环环相扣，通过重复"计划、执行和复盘"让自己的思维和能力呈现螺旋式上升。

<u>日常复盘是"加油站"，包括日、周、月、季度、半年度、年度等一整套复盘体系</u>。因为月复盘、季度复盘和年度复盘的结构是一样的，下面主要讲解日复盘、周复盘和月复盘。

这三个复盘是每天、每周、每月的必做动作，每天一循环，每周一循环，每月一循环。周复盘是对日复盘的提炼，月复盘是对周复盘提炼，形成一个又一个成长闭环。

第一，日复盘。

日复盘包括今日学习完成情况、记录、事件思考三个模块。

模块一：今日学习完成情况。

这个模块主要是填写或记录当天的学习完成数据，完成率是多少，未完成率是多少，分析做得好的地方，也分析未完成的原因和可以改进的地方。通过每天填写数据，做到自我监督，因为别人没有义务每天盯着我们去完成任务，关键还得靠自己。

所以，不管每天的学习情况完成得是好还是坏，敢于填写数据、分析原因，就相当于做到了自我监督，为自律打下坚实的基础。如果不想填写、不愿填写、懒得填写，那就是选择逃避，不敢面对自己的学习情况。时间一久，就连复盘文档都不愿意打开，更别提能坚持其他学习任务了。

模块二：记录。

这个模块主要是记录每天发生的重要事件。一般来说，特别重大、值得深思、有意义的事件就放进模块三的事件思考部分去深度复盘。而每天的生活、工作和学习，三个方面可能遇到好多值得思考的事，由于时间限制，无法——去写事件思考,就可以把关键的事件用三五句话简单记录下来。

记录的时候,分生活、工作和学习。比如,生活中,今天伴侣或孩子过生日、妈妈烧了一道新菜、自己减肥成功等;工作中,工作流程哪里出了问题、同事关系有什么变化、领导的态度等;学习中,看书或听书过程中,某个知识点对自己有启发,事后记录下来。比如,小欣一直想减肥就是减不下来,反而有越减越胖的趋势。建议是:除了保持运动量、控制饮食外,她每天在日复盘的记录部分开始记录体重和饮食情况,坚持了两个月后,体重下降了2.5公斤,带给她非常大的惊喜。

很多人在每周、每月进行复盘时,不知道如何写收获,重要原因之一就是平时缺少记录和积累。小京反馈说:"其实最开始老师提供的复盘模板中,就有'记录'这一项,但当时我觉得麻烦,就删减了,现在想来真是后悔没有听话照做,失去几年为自己积累素材的时间。"后来,她把"记录"加入每天的复盘动作,不仅没有增加压力和负担,反而给她带来了成就感。

她说:"虽然只是简单的几句话,但在记录的过程中,写下来的东西也会让我产生思考。简单的记录让我负担小,大脑是放松的,会有一些其他的想法。如果刻意去思考,我的大脑就会紧张,只会关注自己的不好,没有空间发散思考。"

模块三:事件思考。

"事件思考"这个模块是日复盘的核心内容,模板结构是"总结+反思+行动"。这个复盘模型在第三章里详细讲过。根据自己的生活、工作和学习,一般情况下,每周至少写2~3个事件思考。根据自己的成长经验,事件思考写得越多,成长越快。

在每天检查计划是否执行到位时,肯定有做得好或不好的地方,这时候就可以拿出其中一个重要的点进行"事件思考",不仅能达到检查的效果,还能把"调整"这一步落实到具体的行动,优化后续的计划和日程安排。

第二，周复盘。

周复盘包括三个模块，分别是本周学习完成情况、本周学习思考、下周计划安排及调整。

模块一：本周学习完成情况。

和每天填写学习完成情况是一样的，目的是完成本周的自我监督。根据每天的统计数据进行汇总，计算本周平均学习完成率。本周平均学习完成率=（本周所有学习动作完成数字之和/目标数字之和）×100%。做完数据统计后，对于完成得好的地方给予自己鼓励，对于未完成的部分分析原因，找到可以改进的地方。

模块二：本周学习思考。

"本周学习思考"的模块包括感受、收获、改进（不足）、困惑和行动等五个要点。

"感受"部分，主要表达学习一周以来的心情，可以是任何观点和想法。

"收获"部分，是本周学习思考的重点部分，每周写收获时，要从本周七天的生活、工作和学习中，经过回顾、分析、提炼、总结，形成三个重要的收获点。收获部分考验的是发现细节的能力、归纳提炼能力、自我肯定的能力等，哪怕再普通的一周，也需要写出三个收获。

"改进"部分，是"不足"部分的正向表达，就是这一周做得不够好的地方，或者本周需要改进的地方。这里只需一两句话把要改进的点写下来，然后分析原因。行动方案写进最后的"行动"部分。

"困惑"部分，就是针对本周学习过程中产生的疑问，也可以是工作或生活中遇到的棘手问题。在写困惑时，要先用一句话总结要提出的问题点，然后在下面描述这件事情的背景信息，你是如何思考的、你尝试的解决方向或方案是什么。大多数时候，写着写着就能把这个困惑解决了。实在解决不了的，或者遇到较大的人生困惑，可以向家人、朋友、同事或人生导师求助。

"行动"部分,是针对本周的收获、改进和困惑,制定出具体的行动方案。比如,收获中,你提到自己能坚持一周早起4天,那么行动方案就是下周坚持早起5天;改进中,提到写复盘拖延了2次,那么行动方案就是每晚10点之前必须写完复盘。

关于本周学习思考,具体的感受、收获、改进、困惑和行动如何写,可以学习周复盘案例参考。

模块三:下周计划安排及调整。

你可能会把模块二中的"行动"部分与模块三"下周计划安排及调整"混淆,分不清两者之间的区别。模块二中的"行动"部分,是针对本周的收获、改进、困惑制定出具体的行动方案,是较为具体的针对某个点的思考。而模块三中的"下周计划安排及调整",是根据前面对数据和事实的分析,提炼出经验和教训,结合"行动"部分的具体行动方案,对下周整体计划做出战略性调整。

比如,上周计划是运动3次、看书6天、听书21本、复盘7次。如果本周计划与上周计划是一样的,就不需要调整;如果到了月底最后一周,突然发现因为前三周的拖延导致月度计划中听书90本还差40本没完成,那么下周计划就需要调整为听书40本,以顺利完成听书的月度计划。

第三,月复盘。

月复盘包含三个模块,分别是本月学习完成情况、本月学习思考、下月计划安排及调整。

月复盘的结构和周复盘是一样的,所以每个模块不再做具体解释,每个部分的内容按月去做思考。记住最重要的一点:月复盘是对周复盘的提炼,是将四周发生的重要事情、重要思考、重要成长进行归类、归纳、总结,并提炼出三个重要的收获点和改进点。当然,如果你的收获特别多,可以有两个选择:第一个选择,写最重要的三个收获点;第二个选择,将多个收获点进行逻辑归类,比如形成三个大的收获点,每个大的收获点下面又有几个小点。

  日常复盘主要包括日复盘、周复盘和月复盘。日复盘中最重要的是事件思考,周复盘是对日复盘的提炼,月复盘是对周复盘的提炼。整体来看,是逐步归类汇总,这个逻辑提炼的过程,就是归纳法。像这样每天、每周、每月、每年一循环,针对执行过的计划进行检查与调整,能远离各种糟糕的感觉,保持理性、保持清醒,看见真实的自己,也能见证自己的飞速成长。

05
自律的本质：做不到每天坚持也没关系

我从没有见过一个早起勤奋、严谨诚实的人抱怨命运不好。

——富兰克林

万维钢在《万万没想到》中写到：

有一个美国研究机构，花了 10 年之久，上至采访政界、商界的无数名人，下至调查在校学生成绩的影响因素，最后得出了一个结论：<u>一些人实现平生理想，一些人跌入平庸日常。把一个人和他人区分开来的品质，不是天赋，不是教育背景，也不是智商，而是自律。</u>

没有它，即使是最简单的目标，看上去也可能像白日做梦；有了它，就可以轻松实现一个更好的自己。

正是因为自律的人更容易成功，所以当下很多人都去追逐它。早起打卡、阅读打卡、健身打卡……好像做个什么事都要坚持打卡，似乎每天打卡的事情越多，越能证明自己是一个自律的人。渐渐地，人们在各种打卡中迷失自己,发现打了这么多卡,都这么自律了,却还没有成功,最终又放弃打卡,回归随心所欲的生活。

在这样的氛围中,太多的人以为自律就是每天早上 5 点钟准时起床,到什么点做什么事,生活规律得像个机器。那样的生活太枯燥,日复一日重复着同样的事情,简直是折磨人。

事实上,这样的观点让大家逐渐害怕自律、仇视自律、远离自律。

1. 自律的本质

有些人学习自律,说自己曾经坚持早起多少天、参加过多少个 100 天阅读打卡营,但仍然没有学会自律。只要某个打卡中断一天,就会感到挫败,并放弃打卡。小慈就是这样。小慈参加过一个每日读《论语》的活动,要求每天听两节课程,然后发感想。活动前交纳一份押金,坚持 30 天全额退款。第一次参加,她坚持得很好,也学到了一些东西,马上报名参加下一期。但是有一天,加班到半夜 1 点,等她想起来还要《论语》打卡时,已经过了时间。就这样,她立马失去了学习兴趣,再也没有参加过类似的打卡活动。

<u>一个人是否能做到自律,与是否能坚持打卡没有直接的关系。</u>

<u>自律的本质,不是每天在固定的时间打卡,而是以目标为导向,在限定的时间范围内去完成这个目标。</u>换句话说,就算做不到每天坚持也没关系,只要在截止日期之前,通过合理的计划、执行、检查和调整,最终完成某个目标就行。

<u>所以,自律是一个成熟的成年人的标配,或者说当一个人越来越自律时,心智也就越来越成熟。</u>

什么是真正的自律?

自律,是指在没有人现场监督的情况下,通过自己要求自己,变被动为主动,自觉地遵循法度,拿它来约束自己的一言一行。又指在不受外界约束和情感的支配下,根据自己的善良意志按自己颁布的道德规律而行事的道德原则。简单来讲,社会意义上的"自律",就是遵循法纪、自我约束。

下面是自律三层次理论,分别是对抗人性、打破规则、顺应人性,如图 5-2 所示。

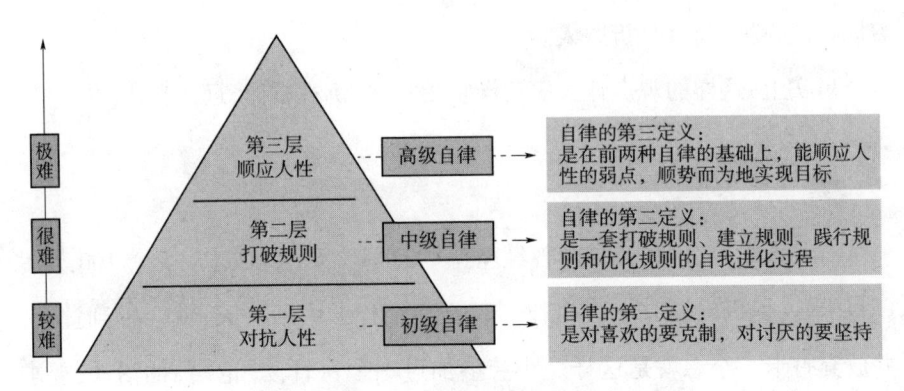

图 5-2 自律三层次理论

自律的第一层:对抗人性。

这里所说的"自律"是对喜欢的要克制,对讨厌的要坚持。我把这个称为自律的第一定义。也就是说,当你贪婪的时候,要懂得学会克制自己;当你懒惰的时候,要明白坚持才能获得成功。这个过程就是在与自己做对抗。

比如,做到"早睡早起":要想"早睡",就得先克制睡前刷手机的习惯,刷手机上瘾导致晚睡是因为手机里面的内容令自己好奇,想要一直看下去;要想"早起",就得克服懒惰,通过设定闹钟等方式让自己坚持比前一天起得早一些。

自律的第二层:打破规则。

这里所说的"自律"是一套打破规则、建立规则、践行规则和优化规则的自我进化过程。我把这个称为自律的第二定义。迈克尔·桑德尔教授曾说过一句话:"所谓自由,就是遵循自己的法则采取行动,换句话说,就是自律。"而要想有自己的法则,就必须在适应社会或他人的规则之下,学会打破

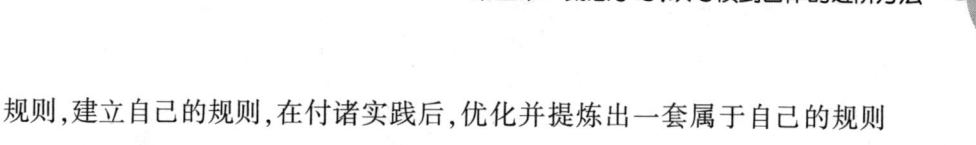

规则，建立自己的规则，在付诸实践后，优化并提炼出一套属于自己的规则体系或原则体系。

比如，大多数人都认可"早睡早起"这个规则，建议在 23 点前入睡，5 点至 7 点起，以保持 6~8 个小时的健康睡眠。

过去身在职场时，为了更合理、高效利用时间去完成自己的工作和学习，我打破了这个规则中的睡觉时段，创造出两种固定的睡眠时段。一种是 21 点睡，3 点左右起，状态不好的时候，下班到家吃好晚饭，休整一下就立马睡觉，然后在 3 点醒来工作；另一种是 2 点睡，8 点起，状态好的时候，下班到家吃好晚饭，马上投入工作直到 2 点再睡。

在践行这个规则的过程中，我发现熬夜工作至 2 点再睡，会影响自己的身体健康。于是，后来调整为除了有紧急事情外，大多数时候选择 21 点睡觉，3 点起床工作，这就是优化规则。后来，转型做自由职业后，初期工作量比较大，又经常熬夜工作，睡眠时间是 24 点至次日 7 点；后期工作量稳定后，又回归 22 点至次日 5 点的睡眠时段。

所以，自律不是持续 365 天每天 5 点起床这么简单，而是为完成某个目标，制定一套因时而动的行动规则。

自律的第三层：顺应人性。

这里所说的"自律"是在前两种自律的基础上，能顺应人性，顺势而为地实现目标。我把这个称为自律的第三定义。也就是说当你觉察到自己希望得到更多时，请借助这份希望去制定目标和计划，提高个人执行力和做事效率，尽快达成目标；当你觉察到自己希望更有效率时，请借助这份希望采取正确的做法，用截止时间来强化自己解决问题的能力。

如何通过顺应人性来实现"早睡早起"呢？对于"早睡"要借助人们对健康的期望、对生病的害怕，让自己明白早睡才能获得一个健康的身体。有了这个新认知，就能改变晚睡的行为。如果在睡前仍然想刷手机，那可以小小地顺应一下对短视频的贪婪，规定自己在睡前刷半小时就睡觉。对于"早起"要借助对拥有更多时间的期望、对损失时间的悔恨，让自己明白早起才能获得更多的时间、充沛的精力状态。

再比如，我给自己制定一年读1 000本书、10年读1万本书的目标，就是顺应了自己想看更多的书。精力状态好的时候高效写作，精力状态差的时候就选择休息或放松自己，这也是顺应了自己的要求，最终能完成计划就行。

在践行自律三层次的过程中，一层一层往上走，你会发现坚持自律，真的能实现人生自由，也就是选择过自己想过的人生。

2. 为什么做不到自律

每个人需要对好逸恶劳、喜欢懒惰、自视甚高、不脚踏实地保持应有的警惕。以下是做不到自律的三个具体原因：

一是想要的太多。

目标太多，以至于不能集中注意力专注一件事；或目标太高，导致自己知道完不成，而直接放弃。这些都是捡了芝麻丢了西瓜的坏习惯，如果定下少数几个或一个合理的目标，自律就更容易实现了。比如，要求自己每天看书60分钟并写一篇1 000字的读书笔记，这件事能坚持两三天就不错了，一周后基本呈现放弃状态。但是，如果只要求自己每天看书10分钟，不写任何读书笔记，就轻松得多，更容易持续做下去。

二是骄傲自满。

自律，从来不是一个结果，而是一种持续流动的状态。在这个过程中，有人连续学习3个月，感觉自己完成了自律，就开始骄傲自满。在接下来的学习中，动作变形、完成率低，原本每天坚持看书10分钟的自律习惯也丢失了。

三是不懂得延迟满足和拒绝诱惑。

"棉花糖实验"说明,那些忍到最后再吃糖的孩子,拥有较强的自律能力,并且在之后的人生中能获得更多更大的成功。有些人做不到自律的原因,是忍受不了当下的痛苦和磨难,用逃避、拖延等方式来对抗。在诱惑前把持不住,没有建立自己的原则和界限,不懂得筛选和拒绝。比如,哪个技能来钱快就跑去学哪个,最后,一个技能都没有真正掌握。

3. 为什么明明做不到自律,还一定要坚持练习自律

一是练习自律能加速一个人的成熟度。

一个成熟的人,首先是一个自律的人。因为修炼自律要求一个人懂得延迟满足,学会控制情绪和行为,成为自己的掌控者。包括父母在培养孩子的过程中,需要帮助孩子循序渐进地学会自我控制,有了自律才能谈及责任和能力。正如伏尔泰所说:"成熟是学会自律,将情绪和行为掌握在自己手中。"

二是坚持自律能成为一个优秀的人。

我提出过一个努力的思考:一个自律的人努力把一件事做到极致才能成为优秀者。

学习是为了高效工作和更好地生活,而高效工作也是为了更好地生活,所以请享受生活。<u>自律,是学习、工作和生活的底层支持,可以让自己提高学习效率、收获高效工作的成果、享受生活的美好</u>。

真正的自律是一种信仰。柏拉图说:"自制是一种秩序,一种对快乐与欲望的控制。"这种信仰,让自己想征服自己,征服自己的所有弱点,实现一个属于自己的伟大梦想。作为一个普通人,用自律来征服自己,目的不是征服世界,而是修炼自己的内心,做到淡定、从容、强大,永远充满积极向上的力量。

4. 自律的方法

那么,如何练习自律,让自己成为一个优秀的人?透过自律的本质,结合自律三层次理论,可以按三个步骤去练习自律。因为自律与天赋、性格和能力无关,需要的是目标、聚焦和氛围。

第一步,目标设定。

没有目标的自律是自欺欺人,没有拆解的目标是假装努力,而没有动力的行动只会半途而废。想达到真正自律的第一步,有三件事要做:其一,设定清晰的目标,去挑战那些别人搞不定的事;其二,分层拆解目标,去搞定那些自己能搞定的事;其三,找到动力来源,去弄清自己究竟要成为一个什么样的人、做成一件什么样的事。

(1)真正的目标,是挑战别人搞不定的事。

大多数时候,人们为了练习自律,会打卡凌晨5点起床、22点睡觉或每天跑步1公里等。误以为每天完成打卡就养成了自律习惯,但其实这些打卡只能算作自律习惯中的一个动作,不能算作自律的真正目标。

真正的目标是挑战别人搞不定的事。曾经的我,偶尔也会把生活中的某件事,仅仅重复做到有仪式感,在朋友圈或朋友聊天时告诉别人自己很不一样,就认为自己已经做到自律。比如,2年前我会每周跑步3~4次,然后打卡到朋友圈。后来发现,这不叫努力,只是用一件看上去比较难的事,来告诉别人,我没有放弃生活而已。当仔细思考了自律的真正目标后,我选择默默设定运动减肥10公斤的目标,并在2023年用3个月时间通过跑步、健身、控制饮食等方式成功达到。

(2)真正的拆解,是搞定自己能搞定的事。

如果你有一个自己的目标,在拆解的过程中发现自己不会拆,或者拆完发现这并不是自己想要的,这就不是属于你的真正目标。这个时候仍然要

第五章 刻意学习:从习惯到自律的进阶方法

重新找到自律的真正目标,继续去做目标拆解。

真正的目标拆解就是把目标中的困难任务,拆分成一个个可执行的小任务。仍然以运动减肥为例,3个月瘦10公斤是一个比较困难的任务,我是这样做目标拆解的。第一步,按月拆分:8月瘦5公斤、9月瘦2.5公斤、10月瘦2.5公斤;第二步,按周拆分,8月第一周瘦2公斤、第二周瘦1.5公斤、第三周瘦1公斤、第四周瘦0.5公斤;第三步,按周目标来制订运动和饮食计划,比如每周跑步5次(30分钟/次)、腹肌练习3次(30分钟/次)、瘦腿练习2次(30分钟/次)。前面3种运动按5天早晚交替练习,然后饮食方面以清淡为主,并严格按早吃饱、午吃好、晚吃少的原则进食。按这样的目标拆解,最终结果是8月瘦了5公斤,9月瘦了3公斤、10月瘦了2公斤,完成了瘦10公斤的目标。

在这个过程中,有两个关键点:第一,把一个瘦10公斤的目标从无限期限制到了3个月,并按月、按周进行拆解;第二,每次运动时长不超过30分钟,每天2次,跑步和健身交替进行,每次练习的强度也比较小。

(3)真正的动力,是弄清自己想成为什么样的人。

有了目标和拆解还不够,要想有持续的动力去做这件事,需要找到属于自己的动力来源。先问自己一个问题:我想成为一个什么样的人,或我想做成一件什么样的事。如果能准确回答这个问题,就有了十足的动力。

比如,我刚进入职场时,目标是成为一个自由职业者,有了这个角色定位,接下来所有努力的动力都来自对此的渴望。

拥有拆解的目标会稳扎稳打,拥有动力的行动会步步为营,而拥有目标的自律会水到渠成。

第二步,聚焦坚持。

缺少聚焦的坚持像无的放矢。想达到真正自律的第二步,也有三件事:其一,聚焦坚持一件大事;其二,找到符合标准的大事;其三,聚焦之后将这件事做到极致。

(1) 真正的聚焦,是抓取自己80%的注意力。

贝利在《别让无效努力毁了你》中,提出对效率最有帮助的三个元素是时间、能量和注意力。而他在《超聚焦》这本书中分析如何在越来越让人容易分心的世界中,变得更有效率。其中的关键,不是管理你的时间,而是管理你的注意力。

你是不是在写文章的时候,一会儿刷个朋友圈,一会儿吃点水果？你是不是本来要作个项目总结报告,却跑去看了一部电影,再跟朋友聊天,等发现截止时间快要到时,通宵熬夜去完成？如果你觉得被戳中了,那就要学会管理自己的注意力。

分散聚焦是将注意力分散到多个事情上,激发创造力,提高做事的创造性;而真正的聚焦,就是超聚焦模式,抓取自己80%的注意力,提升做事的效率,达到高执行力。一般来说,开启超聚焦模式有四个步骤:第一步,选择一个值得去超聚焦的事情;第二步,尽可能清除来自内部和外部的干扰;第三步,把注意力全部集中在选定的工作上;第四步,一旦分神,就要迅速、不断、反复地将注意力拉回到选定的事情上。就这样不断重复,慢慢延长自己持续进入超聚焦状态的时间。

(2) 真正的大事,是对自己有最大回报的事。

懂得了如何聚焦坚持,第一步就是要选择一个值得去超聚焦的事情,这件事并不一定是最紧急的,但必须是复杂的、重要的。

真正的大事有两种标准,你可以选择任意一种来聚焦坚持。第一个标准是要选择具有生产力的事情,比如你想投稿,值得超聚焦的事情就是阅读、拆解和写稿。第二个标准是"一件大事",就是从三个方面思考:其一,最擅长的事情;其二,最感兴趣的事;其三,怎样才能从这件事中获得最大回报。这三个问题,就像三个圆环,你应该去聚焦坚持的"一件大事",就是这

第五章 刻意学习:从习惯到自律的进阶方法

三个圆环的交集。

比如,2013年刚毕业的时候,我擅长和感兴趣的是武术,虽然它也能让我获得回报,但我自己觉得它不是获得最大回报的事,所以对当时的我来说,就不是"一件大事"。而在2018年辞职创业的时候,我既感兴趣又能带来最大回报的事是咨询,但我不擅长,通过近一年的刻意练习,终于在2019年5月把咨询变成一件擅长的事,所以,咨询对我来说就是"一件大事"。

关于最大回报的事,如果是你擅长但不感兴趣的事,它可能只是一份养活你的工作;如果是你感兴趣但不擅长的事,那就刻意练习到擅长,它可能就是你毕生的梦想与追求;如果目前已经是感兴趣+擅长的事,那就聚焦坚持。

(3)真正的极致,是挑战别人吃不了的苦。

找到真正要聚焦坚持的"一件大事",尝试着把每个动作做到极致,这种极致可能会让你产生痛苦的感受,但当你挑战别人吃不了的苦之后,就会获得让人兴奋的成就感。

真正的极致,除了挑战别人吃不了的苦,更重要的是,每一次都让自己做得更好一点点。这能让你拥有更多的成就感,这些成就感,就是真正力量的来源。

曾国藩的秘诀就是自律。他起点极低,家境一般、资质平庸,连考7次才中秀才,但经过不懈努力、淬炼心性,创造了一连串惊人的纪录。

找到一件大事会争分夺秒,做到真正的极致会出类拔萃,拥有聚焦的坚持就会如虎添翼。

第三步,氛围营造。

一个人可以跑得很快,但一群人可以跑得很远。达到真正自律的第三步,同样有三步:第一步,学会给难以坚持的自己营造氛围;第二步,寻找一位或多位人生导师,系统学习方法并让自己懂得延迟满足;第三步,在氛围和导师中寻找更多反馈,持续激励自己。

(1)真正的氛围,是挑战自己困难区的群体。

学习自律最开始阶段,即使你懂得目标设定和聚焦坚持,但由于一个人长期处于没有反馈的枯燥环境中,容易迷失自己,甚至会怀疑自己坚持的意义与价值,就很难拿到理想的成果。因为刚开始的你无法站在客观角度去审视自己的成长点与不足点,这个时候需要找一个自律的人,或找一个朋友,或找一个有着共同志向的群体一起营造氛围。

真正的氛围就是,大家都在远离舒适区,挑战困难区。比如,大学期间我每天凌晨3点多起床练武术,整个宿舍甚至是整栋楼都不会有人每天3点多起床,更别说跑步3公里去练武术了。如果当时只有我一个人,我可能也不会坚持下去。但当时一起练武术的师兄弟有10多个人,大家约好时间地点,集合之后一起去练,这样坚持的时间久了就成了一种习惯,哪怕后来只有我一个人的时候,也愿意凌晨3点多起床去练武术。

(2)真正的导师,是教会自己延迟满足的人。

很多时候,你会发现一个好的氛围可以让你坚持一段时间,但很难让你长期坚持。可能是因为在这个环境里,没有能带给你持续提升的导师。

真正的导师就是,能教你提升的方法,并提供高质量反馈,让你学会延迟满足的人。比如,我的武术师父就是我大学期间的人生导师。他教我武术的练习方法,总是让我一个动作练习1个月,练个成千上万次再来去找他看动作是否标准;每次他都会根据我练习的结果告诉我一点可以调整的地方,又去练习一个月,如此循环,可能一个动作要持续练几个月甚至是一两年时间才能完全学会。

当通过一两年时间学会一个动作时,再回想整个过程,如果一开始师父就把最高标准的动作教给我,我可能会选择直接放弃,因为太难了。就是在这个过程中,我学会了目标拆解,学会了延迟满足,学会了高质量反馈。

第五章 刻意学习：从习惯到自律的进阶方法

(3) 真正的反馈，是提供彼此看不见的点。

在一个不错的群体里，也有一个不错的老师，但没有任何人反馈，或者仅仅收到负面反馈，最后会选择离开这样的氛围与环境。

真正的反馈就是，提供彼此看不见的点，包括做得好的点和做得不好的点，并将它们客观描述出来传达给对方，这就是正向反馈。这里要说明一下，不能认为告诉对方做得好的点才是正向反馈，站在客观公正的角度表述不好的点也是正向反馈。而负向反馈，是带着自己的观点、消极情绪和负向表达的反馈方式。

比如，我在点评学员的月度复盘时，会告诉他好的地方是逻辑结构清晰、学习任务完成率高、反思部分有深度，而不好的地方是排版上段落没有空行读起来费力、事件描述太粗糙导致分析不够全面。这样，从好与不好两个角度去做正向反馈，既鼓励他在做得好的地方继续坚持，同时也可以帮助他进行调整和优化。

如果是完全负面的反馈，大概是这样的语言："你这个排版让我读起来太难受了，难道你不会空行吗？还有你对事件的描述太简单了，根本就不能让自己客观分析原因，我也帮不到你。"是不是看完这段负面反馈，心里会很不舒服，感觉像是在怼人。

找到一位导师会为目标加速，持续的正向反馈会为自己赋能，而营造一个好的氛围就会轻松逃离舒适区。

为了实现持续自律，我始终坚持自己的三步自律法——设定目标、坚持聚焦和营造氛围，并在这个方法中不断循环，形成强大的自律体系。

读书笔记

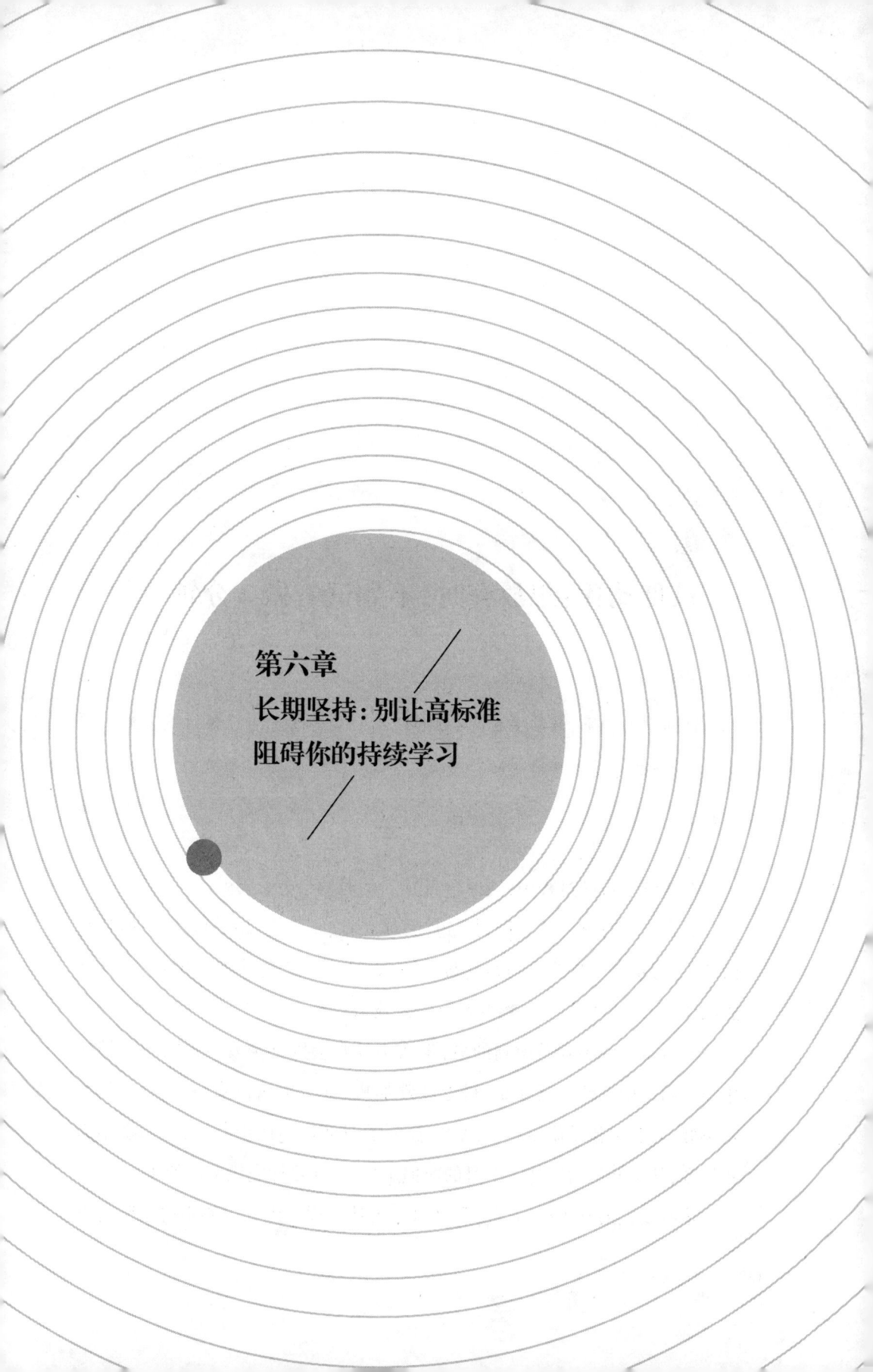

第六章
长期坚持：别让高标准阻碍你的持续学习

01
最低动作：想放弃时，不如试着做3分钟

> 世间的人和事，来和去都有其时间，我们只需要把自己修炼成最好的样子，然后静静地等待就好了。
>
> ——三毛

在持续学习的过程中，当你想"偷懒"的时候会怎么做？

那肯定是将学习任务扔到一边，去睡大觉、吃美食、刷手机，哪个能让自己开心，肯定就干哪个。但是这样的方式，让一个人每次遇到困难、身体疲惫或注意力下降时，习惯性选择拖延、逃避或放弃。

坚持是一件不容易做到的事，生活中经常会因为突发事件或意外情况中断学习。中断者的反馈是：最近经常加班、孩子生病住院、和伴侣吵架心情不好、暑假陪孩子旅游……总之，各项学习动作因此中断了，他们也不得不清零，从头开始再坚持3个月的习惯定型，保证目标完成率达到80%。

这些反馈通常被视为理由和借口。为什么呢？因为内心不愿意坚持学

习,突发事件或意外情况就成了拖延、放弃的借口。其实,在遇到突发事件或意外情况时,完全可以选择保持最低动作,比如走在路上听书 5 分钟、坐在马桶上看书 5 分钟、睡前复盘 5 分钟。

1. 最低动作的本质

一个人对学习的坚持,并不是把所有任务 100% 完成,而是累了、忙了的时候,选择保持最低动作。这样既能进行主动休息,又能保持学习习惯的连续性。

事实上,很多人不知道,保持最低动作是一种主动休息却不会放弃学习的方法。

小慈在复盘中写道:"到底什么是坚持?是一年 365 天,无论刮风下雨都必须做这件事情吗?可能是的,就像罗老师坚持 10 年 60 秒语音一样。但是,对我来说,真的太难、太难了。一天的松懈对我而言就是毁灭性的打击。是江武墨老师让我明白,累了就休息,或者保持最低动作,然后明天继续坚持就好,这样我仍然是个自律的人。"

当你想放弃学习动作时,不如试着做 1 分钟、3 分钟或 5 分钟,保持这样一个最低动作,你就做到了坚持学习。因为做了就是 100 分,没做就是 0 分。哪怕按最低动作标准只做了几分钟,那也是做了,比没做或完全不想做要强 100 倍。

保持最低动作的本质,不是为了偷懒而走个形式,而是通过几分钟的实际行动来对抗。换句话说,在学习压力大、想偷个懒等情况下,保持学习任务的最低动作,就是把自己不想做的事情做到了坚持,哪怕只是几分钟的行动,也能证明自己始终在保持自律、坚持学习。

所以,保持最低动作是长期坚持的关键方法。

什么是最低动作?是指在进行某项任务时,只需完成最基础、最简单的部分，以确保任务能够持续进行。在学习习惯的培养中，保持最低动作和微习惯有所不同。"微习惯"是一种非常小的正向习惯，小到几乎不可能失败，比如每天读一页书或做一个俯卧撑。而"保持最低动作"是完成一个任务所需的最小、最基本的步骤，比如为了完成今天的看书任务，睡前拿起书看5分钟，这5分钟可能读了10页，也可能浏览了30页，还可能获得一个有用的知识点或做一条笔记。所以，微习惯可能只需要几秒，重在快速启动，而最低动作需要几分钟，重在完成任务的最小单元、步骤或模块。

2. 为什么最低动作能做到长期坚持

一是降低任务难度后，能增强执行力。

面对复杂、困难的学习任务时，往往容易感到压力而拖延或放弃，3~5分钟的最低动作，只需耗费较少的精力，能让人轻松迈出第一步，并在迈出第一步的基础上建立自信心，有了愉悦的体验后，就能继续保持学习动作和状态，也有利于第二天的坚持。

二是获得成就感后，能增强内驱力。

每当完成一次最低动作，就能获得一种小小的成就感，随着最低动作的持续执行，能逐渐增加学习时长，提高学习难度，一次又一次挑战成功，会极大增强内驱力。

小石头学习一周后，对"保持最低动作"有了全新认知。她说："刚开始对'保持最低动作，形式比内容重要'的观点也是有点蒙，因为在潜意识里，我认为'要么不做，要么做好'，保持最低动作太'糊弄'了，直到昨天这种观点才松动。昨晚我出差加班工作到晚上11点，吃完晚饭回到酒店就晚上12点多了，我在同事洗漱的时候点开得到App，开始看书、听书，并且抄了一行字、写了复盘，30分钟一气呵成，然后突然有了点'不一样'的感觉，就是我可以'做成事情'的感觉。"

3. 通过最低动作持续学习的方法

那么,如何通过最低动作让自己持续学习呢？下面总结了保持最低动作的三个步骤：

第一步,梳理学习任务的流程或模板。

为了更高效地启动学习,平时要做好功课,将每项学习任务梳理出执行的流程或模板。比如,每天想看书,就提前列好书单,并事先安排好本月、本周看哪几本书,明天看哪本书的哪个章节。这样拿起书就能进入看书模式,不用花费额外精力去思考今天该看什么。再比如,每天要写复盘,一打开空白的文档,就没有写下去的欲望。如果给自己的复盘制作一个模板,每天到时间点写复盘时,只需要在每个板块填写具体的内容就可以。

第二步,设置学习任务的最低动作标准。

有了每个学习任务的流程或模板后,就需要设置每个任务的最低动作标准,以应对生病、加班等各种意外情况。比如,看书就只看3~5分钟,大概能快速浏览一个章节,如果是精读,大概能读一节。再比如,平时写一份日复盘需要30分钟,而最低标准就是用3~5分钟填写今日数据完成情况、写几个要点事件在记录部分。写复盘本质上也是一种写作形式。所以和写作一样,哪怕一天写50个字,都可以说：我在每天坚持写复盘。

第三步,想放弃学习时,执行最低动作。

无论是因为生病暂停学习,还是因为临时加班没有时间学习,或是主观上想偷懒,我们都将其视为想放弃学习,这个时候就可以执行每个学习任务或核心学习任务的最低动作。比如,生病躺在床上,可以听书3~5分钟；工作忙要加班也可以在蹲马桶的时候打开电子书看3~5分钟；想偷懒的时候,躺在沙发上准备刷短视频之前,先听书3~5分钟。

02
藕断丝连:生活太忙时,只做最简单的一项

在克服恶习上,迟做总比不做强。

——利德益特

好不容易坚持一个月每天看书,结果因为生病或者加班,打乱了所有的计划,忙着忙着,就把要坚持看书的事情给忘掉了。下一次再拿起书来看,可能已经是半年后的事了。但是,一个人真的会连续忙半年吗?大部分人是不会的,只不过一次偶然加班几天,就成为放弃学习的理由。

事实上,忙碌已经成为人们不得不放弃学习的一个合理借口。看到不少人在找到好的学习方法,或获得一些学习成果后拼命学习,熬夜看书写稿,周末本应该休息的时间也用来学习,总是忍不住为他们担心。这种冲劲固然是好的,但弦绷得太紧很容易断。所以,一旦学习中用力过猛就会出现生病、焦虑等情况,甚至因此而中断学习。

旭岚在备战重要的考试,同时还兼顾运营公众号。但是,复习需要大量

的时间和精力,与运营公众号在时间上产生了冲突。她在咨询时说:"我写文章的时候觉得自己还有许多知识没复习,复习的时候又在想公众号文章的事情。"

一两天还好,长此以往,既影响学习效率,又导致文章质量下降。咨询过后,我帮她砍掉了公众号写文章这件事,只要求平时写复盘,保持文字输出这条线就可以。考试结束后,由于备考期间一直保持文字输出的习惯,她很快就进入了之前高效写作的状态。

1. 藕断丝连的本质

"用功不求太猛,但求有恒。"大概说这话的人曾经在学习的过程中也有过这样的体验,才能这样总结。要做到"有恒"就需要坚持两个关键方法:一是,在生病、加班时保持最低动作;二是,在忙碌的状态下保持"藕断丝连",这种方法可以在这些"断"的时刻,依然能够"连"上之前的努力,再忙的一天,也能抽出3~5分钟来完成最简单的一项学习。

<u>藕断丝连的本质,不是在忙碌的时候打个卡,而是通过完成一项学习任务来把可能会中断的习惯连接上</u>。换句话说,在生活和工作的确忙碌的情况下,完成一项最简单的学习任务,在生活、工作恢复常态后能迅速回归学习状态,不会产生空档期。就像每次春节、国庆长假结束后,很多人重新进入工作状态需要几天时间缓冲。如果假期里在不耽误游玩的情况下,每天完成一项最简单的学习任务,回归工作岗位后就能快速进入高效工作的状态。

所以,藕断丝连是对抗忙碌,实现长期坚持的关键方法。<u>什么是藕断丝连?顾名思义,就像藕被折断后依然有丝相连一样,它指的是在学习或习惯养成过程中,因忙碌或意外情况而中断时,选择学习中最简单的一项任务来执行,以此保证习惯的持续</u>。

这种方法与一分钟原理、保持最低动作等概念有着紧密联系，但又有其独特之处。"一分钟原理"强调的是在极短时间内进行一项任务，以促成习惯养成。"保持最低动作"则是指在进行某项任务时，只需完成最基础、最简单的部分，以确保任务能够持续进行。而"藕断丝连"则更注重在忙碌或中断的情况下，选择做最简单的一项任务来保持习惯的连续性。

"一分钟原理"低成本启动大脑后，在执行某项学习任务时能更好地完成最低动作，比如3~5分钟，甚至能坚持10~30分钟；而"藕断丝连"是强调中断的情况下，选择最简单的一项任务，并通过最小动作重新连接上之前的习惯。如果说保持最低动作是完成一组学习任务，而藕断丝连只需要完成其中一项学习任务的最低动作。

2. 为什么藕断丝连能帮助自己做到长期坚持

一是保持习惯的连续性。

当遭遇意外情况而中断学习习惯时，如果不采取任何措施，那么之前的努力可能会付之东流。而藕断丝连的方法能够在中断后迅速恢复习惯，保持连续性。同时这种方法也能培养韧性。在面对挫折和失败时，通过拆解困难完成最简单的一项，就能够逐渐适应并克服这些困难。这种韧性能够让自己更加坚韧不拔，有勇气面对生活中的各种挑战。

二是增强掌控感。

在中断后仍然保持一定的动作时，大脑中的神经元仍然会受到刺激，从而保持连接的强度、建立稳定的心理预期，让自己更有信心去坚持。这种稳定的心理预期能够增强掌控感，使自己更有可能克服各种困难，坚持下去。

持续性的小动作能够增强自我效能感，使人更有动力去坚持习惯。比如，我已经累计在得到App打卡1 400天。忙碌的时候，我是真没有时间坚持每天看书、听书,但是我依然有每天打开"得到"App 的习惯,进入页面就能提示自己要每天保持看书和听书的学习动作。生活或工作特别忙碌时,我就进入页面点开听书,听几分钟。虽然只言片语中学不到任何知识,但是藕断丝连这个方法,能让我坚持学习。

3. 通过藕断丝连持续学习的方法

那么,在生活或工作忙碌时,如何通过藕断丝连让自己持续学习呢?要做到藕断丝连有以下三个步骤:

第一步,选择最简单的一项。

为了更好地坚持学习,在生活、工作中遇到突发性忙碌状态时,可以只选择最简单的一项学习动作。之所以强调选择最简单的一项,是因为复盘相较于听书、看书而言,就是比较复杂且有难度的学习动作。比如,你正在准备一个职称考试,但因为连续加班,每天晚上到家只想洗完澡就躺下睡觉,原来每天晚上的学习时间就没了,但可以在下班路上背几个单词、听听课、做几道题,这样坚持复习的习惯就不会中断。不然结果就是中断或放弃复习,甚至等明年再报考。

第二步,保持最低动作。

当选择了最简单的一项学习任务后,就可以在合适的场景下,去完成这个任务的最低动作。比如,下班很累了,坐在公交、地铁上什么也不想干,这时候可以打开手机背三个单词;再比如,加班回到家虽然很累,但正常的家务流程还是要完成的,可以选择打开手机上的课程,在刷牙、洗澡、晾衣服等过程中听几分钟的课;比如,睡前还有点睡不着,就拿起手机刷几道题。

第三步,别让自己停下来。

只要执行了最低动作,就是迈出了第一步,当你感觉自己并没有想象中那么累，还能再继续学习的时候，就别让自己停下来。比如，背了三个单词后，可以继续完成 10 个、20 个；再比如，在晾衣服过程中听到的课程内容引起自己的注意，回到卧室可能就不自觉地打开书本，一边看书一边听课；或者，睡前刷了几道题后，发现还是睡不着，干脆就一直刷题，直到困了为止，大不了第二天晚起一个小时。

03
80%原则：就算没做到100%，你也很优秀

我们证明不了自己有多强，但起码能证明自己不弱。

——刘擎

- 当你在工作的时候，别人说话影响你的注意力，你是否因此感到不舒服？
- 当你计划购物时，你是否不想理睬对你促销的人，而是想自主去找一些需要的信息，然后再行定夺？
- 你是否讨厌那些随随便便的人，并且暗自批评他们对生活太不负责？
- 你是否不停地想，某件事如果换另一种方式也许更加理想？
- 你是否常对自己或他人感到不满意，因而经常挑剔自己所做的事，或他人所做的事？

- 你是否经常顾及别人的需求,而放弃你自己的需求和机会?
- 你是否经常认为干任何事都应该全力以赴,却又常常希望自己能够再轻松一些?
- 你是否常常心里计划今天该做什么,明天该做什么?
- 你是否经常对自己的服装或居室布置感到不满意而时常变动它们?
- 你是否不断因别人没能一次就把事情做好,而自己去重做这项工作?

以上 10 个问题,若你都回答"是",无疑你与完美主义者相去不远。

1. 80%原则的本质

很多人都希望自己把一件事做到 100% 完美。完美主义是指一种不计后果追求高目标、高标准、高要求的人格特质。这些高目标、高标准和高要求,是完美主义者强加给自己的,而且他们会忽略外部评价系统,只用自己的目标完成情况来评价自身价值。

完美主义者的最大特征,就是追求完美。明明知道这个世界上不存在完美的人与事,却偏偏要制定更高的目标、要求和标准,要求自己尽量去实现完美。结果往往是令人沮丧的,要么达成目标仍然对自己不满意,要么达不到目标选择半途而废。但是,完美主义者,会不断重新设定目标,继续在追求完美的路上折腾不止,陷入挫折的情绪里无法自拔,却又"乐此不疲"。

一个人的优秀,并不需要他做到 100 分,能做到 80 分以上就是完美。

80%原则的本质,不是降低任务完成的质量,而是专注完成目标的核心部分。换句话说,在追求优秀的道路上,常常被"100%完美"的目标所驱动。然而,这往往导致过度投入,对自己提出过高的标准和要求。而"80%原则"

第六章　长期坚持：别让高标准阻碍你的持续学习

提供了一个新视角：完成80%就是优秀，不必事事追求极致。

所以，80%原则，能很好地克服完美主义，进而长期坚持一件事。

<u>什么是80%原则？就是在执行目标和计划时，不苛求达到100%完美的状态，而是专注于完成80%的核心目标</u>。80%原则强调的是在满足基本要求的前提下，通过合理分配时间、精力和资源，达到一种高效和平衡的状态。

过高的期望和要求往往会给人带来压力，从而影响工作和学习效率。而80%原则允许在完成任务时保持一定的弹性和自由度，能够更轻松地面对挑战和困难。

2. 为什么80%原则能帮助自己做到长期坚持

一是节约个人的时间、精力和注意力资源。

在现实生活中，一个人往往面临有限的时间、精力和注意力资源。如果总是在某项任务上追求100%完美，就可能导致其他重要任务被忽视或延误。比如，我准备写一篇月复盘，我按一个重点三个角度写完1 000字就做到了80%。如果我一定要做到写一篇可发布到公众号的文章，可能额外再花一个小时来修改和打磨，甚至越修改越不满意，最后干脆不写了。

二是避免追求100%完美带来的压力。

过于关注细节和完美度时，就容易陷入自我怀疑中。这种情绪不仅会影响工作效率和创造力，还可能对身心健康造成负面影响。而80%原则鼓励自己关注大局和整体效果，减少不必要的压力，这样才能继续执行任务。

"边际效应递减"，意味着当投入更多资源和精力去追求更高目标时，每增加一个单位的投入所带来的效益会逐渐减少。因此，将目标设定在80%的水平，可以在保证基本效益的同时，避免过度的资源浪费和精力消耗。

在个人品牌年度会员咨询课的第一阶段，需要完成看书、听书、复盘等任务。在这个阶段，收获多少知识并不重要，重要的是能否将每个动作坚持下来。连续 3 个月,每个月都能达到 80% 以上的目标完成率,能够顺利完成的话就是优秀,也就完成了第一阶段的学习目标。

3. 使用 80% 原则坚持学习的方法

那么,如何使用 80% 原则,让自己做到长期坚持?有以下三个方法:

第一,定高打低。

所谓"定高打低",就是在自己力所能及的目标之上,再提高目标数值。我定下一年快速阅读 1 000 本书的目标,就是自己力所能及的目标数值。再提高目标数值到 1 200 本,就是定高打低的目标设定法。假如平均每天读 3 本左右,每个月完成 100 本,那就是一年 1 200 本。即使只完成 80%,也能完成一年 1 000 本的目标。

好莱坞著名电影导演詹姆斯·卡梅隆执导的包括《终结者 2》《泰坦尼克号》《阿凡达》在内的影片都采用了非常复杂的技术工程。片场的同事曾评价卡梅隆的标准极为苛刻。卡梅隆这样解释:"如果你将目标设定得非常高,即使最后失败了,你的失败也在别人的成功之上。"

对我的快速阅读目标来说,即使一年最后只完成了 50%,实际也能完成 600 本的阅读量。但是,在执行过程中,不能以数字目标的 80% 作为执行目标,否则完成率就只有 64%。如果我把目标定为一年 1 000 本,在执行过程中又以 800 本作为执行目标,实际有可能只能阅读 640 本。

第二,接纳不完美。

完成任何一个目标时,不要过高要求自己,而是每天保持节奏,做到先完成 80%,有余力的情况下再去追求完美。卡尔·罗杰斯说:"<u>一个奇怪的悖论就是,只有我接纳了自己,才能去改变自己。</u>"也就是说,接纳了自己的不完美,才能懂得如何改变自己,但是既然接纳了自己的不完美,又似乎没有必要去改变自己。如果沉迷于完美主义,就始终不会改变自己,所以,要

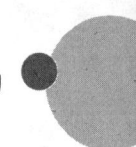

想改变完美主义的性格,就必须先接纳不完美的自己。

不要只关注结果,而忽视过程;不要过度追求细节,而忽略整体进度;不要要求自己一次成功,而忽略个人能力的高低;不要过度在乎环境限制,而忽视了努力和坚持的重要性。《幸福超越完美》这本书中提到,解决完美主义的一个核心方法就是成为一个最优主义者,学会接受失败并从失败中学习。

第三,重新校正衡量标准。

降低对目标的预期,调整计划的节奏,重新校正自己对所有事情的衡量标准,以 80% 原则来执行目标和计划,让"完美"无处遁形。小段完美主义比较严重,她在工作上提交数据表时,每次都要反复检查四五遍,才敢发给领导和客户,有时候下班回家了,还会重新打开表格检查数据和报告内容。她的调整方案是:把检查表格这件事做一个流程,第一遍在做的过程中,分阶段检查;第二遍在做完后马上检查;第三遍在发邮件之前确认一下。之后,就不用再检查了。

后来,她按这个流程去做,压力小了,也不用担心自己的数据会出问题。即使数据真的存在问题,也是正常的,毕竟工作出错是在所难免的。伏尔泰说:"完美是优秀的敌人。"所以,克服完美主义,才是优秀的表现。

04

主动休息：压力太大时，可以休息一天

所有真正了不起的思想都是在走路的时候发现的。

——弗里德里希·尼采

说到休息，人人都会。你心里一定在想："我可太会休息了。"工作或学习累了，往沙发上一躺，刷着手机，这可不要太惬意呀！可是随着刷手机时间延长，你开始感到眼睛干涩，肩颈不舒服，腰好像也怪怪的，换个姿势继续躺，过一会儿眼睛开始流泪，头有点晕乎乎的，不由得发出一声感慨："我怎么越躺越累呀？"于是，放下手机，躺在沙发上睡着了。

- 你是不是经常只有当自己感觉累了才选择休息？
- 你的休息方式是不是只有睡觉、刷手机或看电视剧？
- 你是不是经常用休息的时间来学习？

如果答案都是肯定的，那你大概是一个不会休息的人，也是一个不注重

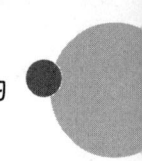

身体健康、不懂得照顾自己的人。

1. 主动休息的本质

事实上,很多人都是被动休息,没有做到主动休息。

以前的我,每次都是工作到脑子转不动了,才想着去休息。这就是属于"被动休息",是身体罢工、他人强制等外部环境因素导致的工作暂停状态。我把"被动休息"定义为"工作暂停状态"。因为这种状态从形式上看是在休息,本质上只是暂停了工作而已,并没有彻底放松或舒缓下来,让自己得到真正身心放松的休息。

虽然被动休息的状态能培养吃苦耐劳、善于坚持、持续自律和勇敢拼搏等精神品质,但是,这种被动休息的坏处也很明显。一是损耗身体,长期久坐、熬夜、过度用眼等情况会直接损耗身体元件。如果生了一场大病,或进行一场手术后,身体就会元气大伤,不仅身体机能下降,说话声音也不大,甚至连大脑的思考速度也慢了下来。二是效率不高。长期占用休息或睡眠时间来延长时间工作,会导致工作效率低下。

一个人主动休息的天数,与他对人生的掌控感成正比,主动休息的天数越多,对人生的掌控感越高。

主动休息的本质,不是继续消耗身体能量,而是通过自己喜欢的方式来唤醒或恢复身体能量。换句话说,在感觉到身体能量下降,或者身体有严重疲惫之前,就需要主动安排休息时间或放松方式。

什么是主动休息?就是以身体健康为目标,主动安排有固定频次的身心放松状态。这里的休息包括睡觉、运动、旅行、游戏、聊天和朋友聚会等。比如,法律规定周末双休、节假日放假等就是一个主动休息的安排。因为人不是机器,不能一直处于工作状态,需要用休息来调节和缓冲。所以,主动休息是人们做到长期坚持、增强人生掌控感的前提。

2. 为什么主动休息能帮助自己做到长期坚持

一是尽快恢复身体精力状态。

休息的意义是让自己的身体恢复能量,增强注意力,这样才能更高效地工作和学习。所以,主动休息需要设定休息时间、选择合理的休息方式,而不是在沙发上躺着刷一天手机。

二是改善睡眠质量。

过度工作或学习,导致人们长期缺乏休息,容易产生压力、焦虑等负面情绪,导致白天注意力分散、晚上失眠等现象。而主动休息能提高睡眠质量,使人在睡眠中得到更充分的恢复,减少压力和负面情绪,保持身体健康。

有些人用工作和学习将每天的时间填得满满的,没有给自己留白,即使有留白也都被各种加班或意外情况占用了。一段时间后,他们不得不暂停学习。这时候,多次强调要主动休息,他们才意识到自己用力过猛,高估了自己的身体素质和个人能力。

3. 主动休息的方法

那么,如何做到主动休息,更好地恢复身体能量呢?根据自己被动休息得到的教训,结合咨询中各种被动休息的案例,制定了三个休息原则。

原则一:大脑与身体同时休息。

有效的休息就是以独处的方式,主动协调大脑与身体的休息。在大脑与身体同时休息时,一定不要想着工作或学习任务,关键是要做到享受休息的当下。

<u>休息时也要让大脑休息</u>。久贺谷亮在《高效休息法》一书中说:"大脑疲劳与身体疲劳有着根本性的区别,身体再怎么休息,大脑疲劳还是会在不知不觉中不断积累。"

第六章 长期坚持:别让高标准阻碍你的持续学习

有时候,就算无所事事,大脑也会疲劳。大脑中有一个预设模式网络,这个网络结构占了大脑能量消耗的 60%~80%。也就是说,即使是发呆、放空自己,只要大脑还在运转,就不会获得休息。那种"明明一整天都在发呆但还是很累"的感觉,可能就是大脑运转的结果。

大脑的疲劳感比身体的疲劳感来得更快。当大脑感到疲惫时,会立即将好累的信息传达给身体,让身体发出疲惫信号。因此,当身体筋疲力尽时,往往大脑已经先疲惫不堪了。所以,不仅要让身体得到休息,大脑也要同步休息好,而让大脑得到休息的最好方式就是补充睡眠等。

虽然和家人聊天、出去与朋友聚餐都是休息的方式,但往往是出去玩了一天,回到家之后仍然会感到疲惫。所以,想要更高效的休息,可适当选择安静的休息方式,比如一个人看书、散步、喝咖啡、听音乐等。如果感觉工作或学习压力特别大,不妨用上述方式直接歇一天,身体的精力和能量很快就能得到恢复。

原则二:主动选择休息时间。

工作不是人生的全部,要以一个积极乐观的心态去面对整个人生,因为学习是为了更好地工作和生活,而高效的工作又是为了更好的生活,生活才是人生中最重要的部分。当自己明白了生活的重要性,自然就愿意选择主动休息。

主动选择休息时间的关键是制定休息规则。有规则就有了约束,在休息规则制定好后,严格按休息规则执行,就是一种主动休息。比如,我有四条休息规则:第一条,每天工作 7 个小时;第二条,规定自己每周休两天;第三条,规定自己一年休长假 2 次,每次休息 7~10 天;第四条,特殊情况下,连续高强度工作 3~4 天后,马上休息 1 天。比如,番茄工作法中每工作 25 分钟就休息 5 分钟,也是属于主动选择休息。如果你的注意力时长能延长到 50 分钟,也可以选择每工作 50 分钟就休息 10 分钟。

主动休息不同于被动休息,被动休息伴随的是身体不舒适、大脑过度紧张等;主动休息是身体和心灵全面放松状态。

原则三:选择合适的休息方式。

每个人都有自己喜欢的休息方式,我给自己的休息方式排了一个顺序,分别是看书、运动、看电影、睡觉、独处和写信,无论是每天的休息时间,还是周末的整块休息时间,我都是以这些休息方式为主。当然,偶尔与朋友聚餐、外出旅行等,也是不错的休息方式。

<u>选择适合自己的休息方式,关键在于这些休息方式能让你保持心情愉悦</u>。比如,做自己喜欢,甚至是热爱的事。像看书、运动、看电影、独处、写信都是我喜欢的事,特别是我对武术、游泳等运动的热爱,更是能让心情的愉悦指数成倍增长。再比如,选择睡觉和运动,能更好地帮助身体和大脑放松,工作日午睡半个小时,休息日早晨让自己多睡一两个小时,都能让自己能量满满。

另外,还可以选择看电影、旅行或写作等让心灵放松的休息方式。给朋友写一封信或给自己写一篇散文,是生活的另一种闲适,同时通过文字来表达自己的情感寄托,将存储在大脑中的记忆用另一种方式存起来,如此便可清空自己,减轻大脑负担。有一句话叫:"身体和灵魂,总要有一个在路上。"这种愉悦感,只有自己能体会。

独处也是一种快速恢复能量的方式,它是让自己暂时远离手机、远离人际关系,刻意营造出独自一个人的状态,是主动与自己相处的一种方式。在这个时间和空间内,能享受自己一个人的自由,因为人只有在独处的时候才拥有真正的自由。